존 스토트의 동성애 논쟁

동성간의 결혼도 가능한가?

JOHN STOTT 존 스토트의 동성애 논쟁

동성간의 결혼도 가능한가?
SAME-SEX PARTNERSHIPS?

존 스토트 지음 | 양혜원 옮김

홍성사.

일러 두기
• 본문에 나오는 성경구절은 개역개정판을 기본으로 삼았다.

CONTENTS

머리글 6

1. 논리의 배경 9

2. 성경이 말하는 동성애 17

3. 성경이 말하는 성과 결혼 31

4. 오늘날의 논쟁점 41

5. 에이즈 61

6. 믿음, 소망, 사랑 71

주 88

머리글

　　오늘날 교회가 직면하고 있는 윤리적 도전 가운데서 동성애 혹은 '게이' 논쟁만큼 급진적인 것은 없다. 이 논쟁은 '호모포비아'(동성애 공포증)와 '호모필리아'(동성애 애호)로 양극화되어 있다. 즉, 동성애자들에 대해서 혐오감을 느끼는 사람들과, 헌신된 동성애 관계는 도덕적으로 결혼과 대등하다고 보는 사람들로 양분되어 있다.

　　이 두 가지 대안밖에는 없을까? 아니면 우리가 어떤 신념을 가졌건 그에 얽힌 감정은 분리할 수 있을까? 하나님이 의도하신 인간의 성에 대한 성경적 사고방식을, 동성애 성향을 가진 사람들을 이해하고 존중하고 지지하는 성경적인 태도와 접목할 수 있는 기독교적인 방법이 있을까?

　　이 책은 현재의 동성애 논쟁에 대한 기독교적인 견해를 밝히고 있다. 책은 우선 동성애 행위에 대해 부정적인 입장을 취하고 있는 성경의 주요 본문 네 군데를 재검토하는 데서 시작하여, 성과 결혼에 대해 긍정적인 가르침을 담고 있으며 예수님 자신도 지지하셨던 창세기 1장과 2장의 내용으로 논의를 이어가고 있다. 그리고 동성애 관계를 지지하는 쪽에서 개진하는 다섯 가지 주요 주장을 주목하여 살펴본 뒤 각각의 주장에 대해 조심스럽게 답했다. 끝으로는 전 세계적인 질병 에이즈를 대략 살펴본 뒤, 동성애자와의 관계에서 그리스도인들이 믿음과 소망과 사랑을 보여 줄 것을 요청하면서 결론을 맺고 있다.

이 책은 1984년에 처음 출판된 뒤 1990년에 개정판이 나온 《현대 사회와 그리스도인의 책임》*Decisive Issues Facing Christians Today*, IVP 역간의 16장을 개정한 것으로, 1999년 말에 나온 두 번째 개정판보다 앞서 출판이 되었다.

John Stott.

1. 논의의 배경

이 주제가 매우 민감한 주제인 만큼 먼저 어떤 맥락에서 동성애 관계를 살펴보고자 하는지를 설명한 다음, 이 글을 쓰는 나 자신과 내가 염두에 두고 있는 독자들은 누구인지를 확인하고자 한다.

분명한 사실 4가지

첫째, 우리는 모두 인간이다. 이 말은 '동성애'라고 하는 현상이 별개로 존재하는 것이 아니라는 뜻이다. 세상에는 오직 하나님의 형상대로 하나님을 닮게 창조된 인간, 인격을 가진 인간만이 있을 뿐이다. 그러나 그들은 타락으로 인해 영광과 비극의 역설을 안고 있으며, 이에는 성적 잠재력과 성적 문제도 포함되어 있다. 우리가 얼마나 심하게 동성애 행위를 반대하건 간에, 그 행위를 하는 사람들이 마치 인간 이하인 것처럼 대할 자유는 없다.

둘째, **우리는 모두 성적인 존재다.** 성경과 경험에 의하면, 성性은 인간됨의 기초를 이루고 있다. 천사들은 무성적인 존재일지 모르나, 우리 인간은 그렇지가 않다. 인류를 창조하실 때 하나님은 인간을 남자와 여자로 만드셨다. 따라서 성에 대한 논의를 한다는 것은 우리 인격의 핵심 가까이에 있는 무엇을 이야기한다는 것이다. 그것은 우리 정체성의 매우 중요한 부분에 대한 이야기이며, 그 정체성에 대한 인정 아니면 위협이다. 따라서 이 주제는 특별한 민감성을 필요로 한다.

나아가 우리는 성적인 존재일 뿐 아니라 모두가 특정한 성적 성향을 가지고 있다. 인간의 성을 연구한 미국인 동물학자 알프레드 C. 킨지Alfred Charles Kinsey의 유명한 보고서는 모든 인간을 '0'(완전한 이성애 성향으로서 오직 이성에게서만 매력을 느낌)에서부터 '6'(완전한 동성애 성향으로서 동성애 남성이건 여성동성애자인 '레즈비언'이건 오직 동성에게서만 매력을 느낌)까지의 도표 선상 어딘가에 놓고 있다. 이 양극점 사이에는 다양한 정도의 양성애자들을 배치하고 있는데, 이들은 이중적 혹은 불확정적 혹은 유동적인 성적 성향을 가진 사람들이다.

1948년 남성의 성적 태도에 대한 킨지 보고서[1]가 출판된 이래로 그의 글은 미국 남성(적어도 백인 미국 남성)의 10퍼센트가

완전한 동성애자로서 평생을 산다고 밝힌 글로 널리 인용되었다. 그러나 이는 심각하게 잘못 인용된 것이다. 그가 제시한 10퍼센트라고 하는 숫자는 16세와 65세 사이의 남성 중에서 최고 3년까지 주로 동성애자로서 산 경우를 말하고 있는 것이다. 킨지가 제시한, 평생을 오직 동성애자로만 산 남성의 수치는 4퍼센트였으며, 이마저도 연구의 표본이 대표성이 없다는 이유로 반박을 받았다.

좀더 근래의 연구는 동성애 행위의 사례가 그보다 더 낮은 수치임을 보여 준다. 미국 오피니언 리서치 센터U. S. National Opinion Research Center가 1970년에서부터 1990년까지 수행한 네 건의 조사에 따르면, 동성애 관계를 한 번이라도 가졌던 남자의 숫자는 6퍼센트였으며 조사 시기 이전 연도에 관계를 가졌던 사람은 1.8퍼센트였던 반면, 동성애 생활을 꾸준히 해 온 사람의 숫자는 0.6-0.7퍼센트였다. 1990-91년 영국에서 이뤄진 조사에서도 이와 비슷한 결과가 나왔는데 조사 이전 연도에 동성애자 파트너를 두고 있었던 사람은 1.1퍼센트였다. 이 연구들은 서구 사회에서는 남성 인구의 2퍼센트 이하, 그리고 여성 인구는 1퍼센트 이하가 성향이나 행위 두 가지 면에서 완전한 동성애자임을 시사하고 있다.

셋째로, **우리 모두는 죄인이다.** 우리는 연약하며 쉽게 유혹을 받는다. 우리는 하나님을 향해 가는 길 위에 있는 순례자들이다. 그곳에 도착하려면 아직 갈 길이 멀다. 우리는 이 세상, 육신, 그리고 마귀와 끊임없는 싸움을 하고 있다. 그리고 아직 승리하지 못했다. 그리스도가 다시 오셔야$_{parousia}$ 우리는 완성이 된다. 또한 무엇보다도 우리는 성적인 죄인들이다. 전적 타락의 교리는 인간의 모든 영역이 죄로 인해 오염되고 왜곡되었다고 주장하는데, 성 또한 예외가 아니다.

하버드 의대의 정신분석학과 교수인 머빌 빈센트$_{Merville\ Vincent}$ 박사는 "하나님이 보시기에는 우리 모두가 성적 이상자일 것이다. 성에 대한 하나님의 완전한 이상에서 벗어나는 음탕한 생각을 한 번도 하지 않은 사람은 하나도 없을 것이다"[2]라고 말했는데, 이는 확실히 옳은 말이다. (오직 나사렛의 예수를 제외하고는) 성적인 죄를 짓지 않는 사람은 하나도 없다. 따라서 이 책의 주제에 대해 '당신보다는 내가 더 거룩하다'는 식의 도덕적 우월성이라는 끔찍한 태도를 가질 여지는 전혀 없다. 우리 모두가 죄인이기 때문에 우리는 모두 하나님의 심판 아래 놓여 있으며, 우리 모두가 절실히 하나님의 은혜를 필요로 하고 있다. 게다가 성적인 죄만이 유일한 죄는 아니며 가장 심각한 죄도 아니다. 교만과 위선이 훨씬 더 심각한 죄다.

넷째로, 우리가 인간이고 성적 존재이며 죄를 지은 피조물일 뿐 아니라, **모두 그리스도인일 것**이라고 나는 간주한다. 적어도 내가 염두에 두고 있는 독자는 예수 그리스도의 주되심을 거부하는 사람이 아니며, 오히려 그 주되심에 굴복하기를 간절히 원하고, 예수님이 그 주되심을 성경을 통해서 행사하신다고 믿는 사람들이다. 아울러 이 주제에 대해서 성경이 어떤 조명을 하고 있는지 이해하기를 원하며, 하나님의 뜻을 일단 알고 나면 그것을 따를 수 있도록 하나님의 은혜를 구하고자 하는 사람들이다. 이러한 헌신이 없이는 공통된 기반을 가지기 어려울 것이다. 물론, 하나님의 기준은 모든 사람에게 동일한 것이지만 비그리스도인들은 그리스도인만큼 선뜻 그것을 받아들이려 하지 않을 것이다.

필요한 구분 3가지

우리가 어떤 맥락에서 논의를 하고 있는지 그 윤곽을 제시했으니 이제는 이 질문을 할 수 있겠다. 동성애는 그리스도인이 선택할 수 있는 것인가? 나는 의도적으로 이 질문을 던진다. 이 질문은 세 가지를 구분해야 할 필요를 제시해 준다.

첫째, 적어도 영국에서는 1957년의 울펜든 보고서Wolfenden Report와 그 결과로 생겨난 1967년의 성범죄법Sexual Offenses Act 이래로 종교적인 죄sin와 법에 위배되는 형법상의 범죄crime를 구분하고 있다. (하나님의 법에 따르면) 간음은 언제나 죄였지만, 대부분의 나라에서는 그것을 국가 차원에서 처벌하지는 않는다. 반면에 강간은 죄이면서 동시에 범죄이다. 1967년의 성범죄법은 서로 동의하는 21세 이상의 성인이 사적으로 행한 동성애 행위는 더 이상 범법 행위가 되어서는 안 된다고 선언했다. 물론 "이 법이 그러한 행위를 사실상 '합법화'한 것은 아니다. 법은 여전히 그 행위를 비도덕적이라 여기고 있으며, 어떠한 법적인 인정도 하지 않고 있다. 그 법은 서로 동의하는 성인 둘이 사적으로 동성애 행위를 했을 경우 그 행위에 가해지는 형사상의 처벌을 면제해 준 것뿐이다"[3] 라고 노먼 앤더슨 Sir Norman Anderson 교수는 말한다.

둘째, 우리는 동성애 성향 혹은 '역리적 성향'(이에 대해서는 책임이 없다)과 물리적인 동성애 행위(이에 대해서는 책임이 있다)를 구분하는 데 익숙하게 되었다. 이러한 구분은 책임을 부과하는 문제를 넘어 죄책을 부과하는 문제로까지 나아가는 중요성을 지닌다. 우리는 그 사람의 행위에 대해서는 비난할지라도 그 사람의 생김새에 대해서는 비난하지 않는다. 동성애에 대해서 논의를 할 때면 언제든지 '존재'와 '행위'를 엄격하게 구분해야 한다. 즉, 사람의 정체성과 활동, 성적 기호와 성적 행동, 타고난 체질과 행위를 구분해야 하는 것이다.

그렇다면 이제 셋째로, 가벼운 (그리고 아마도 익명의) 자기만족 행위로서의 동성애 행위와, 결혼 내에서의 이성애 관계처럼 소위 인간의 고유한 사랑 표현이라고 주장되는 동성애 행위를 구분해야 한다. 책임 있는 동성애자라면 그 누구도 (그가 그리스도인이건 아니건) 무분별한 '하룻밤의 정사'를 옹호하지 않으며, 폭력이나 젊은 사람 혹은 어린아이의 타락은 말할 것도 없다. 일부 사람들, 특히 영국의 '레즈비언과 게이 크리스천 운동'Lesbian and Gay Christian Movement 진영의 사람들이 주장하는 바는, 이성애자의 결혼과 동성애자의 동반자 관계는 "서로 동등하게 유효한 선택"[4]으로서 두 관계 모두가 부드럽고, 성숙하고, 신실한 관계라는 것이다. 1989년 5월, 덴마크는 세계 최초로 동성애 결혼을 합법화한 나라가 되었다. 그 전 해에 뉴저지 주 뉴어크의 주교 존 S. 스퐁John S. Spong은 감독 교회가 "같은 성에 속한 두 사람을 생명을 나누는 관계와 상호 헌신으로 묶어 주는 사랑을 축복하고 인정해 줄 것"[5]을 촉구했다.

그렇다면 문제는 가벼운 성질의 동성애 행위가 아니라 평생 동안 지속되고 사랑을 주고받는 '동성애 동반자 관계'homosexual partnerships가 그리스도인이 선택할 수 있는 생활방식인가 하는 점이다. 우리의 관심은 현재 득세하고 있는 (완전한 혐오감에서부터 무비판적인 인정에 이르기까지 다양한) 태도를 성경적으로 면밀하게 살펴보는 데 있다. 성적인 '기호'preference가 순전히 개인 취향의 문제인가, 아니면 그 규범에 대해서 하나님은 자신의 뜻을 계시하셨는가? 특히, 성경이 동성애 동반자 관계를 허용한다거나, 아니면 적어도 그들을 정죄하고 있지는 않다고 말할 수 있는가? 대체 성경은 무엇을 정죄하는가?

2. 성경이 말하는 동성애

성경이 금지하는 바에 대한 전통적인 이해를 재평가한 최초의 신학자는 작고한 데릭 셔윈 베일리Derrick Sherwin Bailey다. 그 이후로 이 주제에 대해 글을 쓰는 사람이라면 누구나 신중하게 살펴보아야 했던 그의 유명한 책 《동성애와 서구 기독교 전통》 Homosexuality and the Western Christian Tradition은 1955년에 출판되었다. 성경의 의미를 재구성하고자 한 그의 시도, 특히 소돔의 죄에 대한 재해석에 설득당한 사람은 많지 않지만, 학자의 기준에서 볼 때 베일리보다 덜 신중한 사람들이 그의 주장을 단순히 도입부에 불과한 것으로 보고 그가 마련한 기초 위에 훨씬 더 허용적인 입장을 세웠다. 이 논쟁은 반드시 살펴보아야 한다.

주요 성경 본문

동성애 문제를 부정적으로 언급하고 있는 (혹은 그렇게 보이는) 주요 성경 본문은 네 곳이다.

1. 소돔 이야기창세기 19:1-13와 이와 매우 비슷한 기브아 이야기사사기 19장는 서로 자연스럽게 연결된다.
2. 레위기 본문들18:22; 20:13은 명백하게 "여자와 동침하듯 남자와 동침하는 것"을 금지하고 있다.
3. 사도 바울이 퇴폐적이었던 당시의 이교 사회를 묘사한 본문로마서 1:18-32이 있다.
4. 죄인들을 나열하고 있는 바울의 두 서신고린도전서 6:9-10; 디모데전서 1:8-11에는 모두 어떤 형태의 동성애건 그 행위를 언급하고 있다.

소돔과 기브아 이야기

창세기 기사는 "소돔 사람은 악하여 여호와 앞에 큰 죄인이었더라"13:13라고 분명하게 말하고 있으며, "소돔과 고모라에 대한 부르짖음이 크고 그 죄악이 심히 중해서" 하나님이 가서 조사하기로 결심하셨다고18:2-21 말하고 있다. 결국에는 하나님이 심판의 행위로 "그 성들과 온 들과 성에 거하는 모든 백성과 땅에 난 것을 다 엎어 멸하셨고"19:25, 이것은 "세상을 심판하시는 이"의 정의에 따른 전적으로 일관된 사건이었다.

이 성경 기사의 배경에 대해서는 논쟁의 여지가 없다. 문제는 소돔(그리고 고모라)의 죄가 무엇이었기에 그들이 땅에서 없어지게 되었는가 하는 점이다.

전통적인 기독교의 관점은 소돔 사람들이 동성애 행위를 하는 죄를 지었으며, 비록 그 시도가 실패하기는 했지만 롯이 자기 집에서 대접하던 두 천사에게까지 그 행위를 하려고 했다는 것이다. 여기에서 영어의 '소도미'sodomy, '남색'이라는 뜻—옮긴이라는 말이 유래했다. 그러나 베일리는 두 가지 이유에서 이 해석에 반기를 든다.

우선 소돔의 남자들이 "이끌어 내라 우리가 그들을 상관하리라know" 창세기 19:5고 한 요구의 의미를 "우리가 그들과 성관계를 가지리라have sex with" NIV의 해석라는 뜻으로 이해하는 것은 근거가 없는 가정이라고 그는 주장한다. '알다'라는 뜻의 히브리어 '야다'yâda는 구약성경에 943회 나오는데 그중에서 육체적인 관계를 의미하는 경우는 10회에 불과하며 그마저도 이성애자간의 성관계를 의미할 때만 사용되었다는 것이다. 따라서 그 구절은 "우리가 그들과 알고 지내려고 한다"로 해석하는 쪽이 더 낫다고 그는 주장한다. 그렇게 되면 그 소돔 남자들의 폭력은, 롯이 이방인의 신분으로 소돔 성에 머무는 주제에 자기 권한을 넘어서는 행동을 한 데 화가 나서 저지른 일이라고 이해할 수 있게 된다. 롯은 "적대적인 의도를 가졌을 수도 있고, 얼마나 신뢰할 수 있는 사람들인지 검증도 되지 않은"[6] 두 명의 이방인을 자기 집으로 맞아들였던 것이다. 그럴 경우 소돔의 죄는 사적인 영역인 롯의 가정을 침해하고 손대접이라고 하는 고대의 규칙을 무시한 것이 된다. 롯은 그 남자들에게 "이 사람들은 내 집에 들어왔은 즉"창세기 19:8 그런 요구를 그만두라고 간청했다.

둘째, 구약성경 어디에도 소돔이 벌을 받아야 했던 죄의 성질이 동성애와 관련된 것이었다는 암시는 없다고 베일리는 주장한다. 그 대신에 이사야는 소돔의 죄가 위선과 사회적 불의였다고 간접적으로 말하고 있으며, 예레미야는 간음과 사기와 사회에 만연한 사악함을, 에스겔은 교만과 욕심과 가난한 자에 대한 무관심을 꼽고 있다고 지적한다.[7] 예수께서도 (비록 베일리는 이를 언급하고 있지는 않지만) 소돔과 고모라의 주민들을 넌지시 언급하시면서 심판의 날에는 복음을 거절하는 자보다 그들이 더 "견디기 쉬우리라"고 세 번에 걸쳐서 선언하신 바 있다.[8] 그런데 위의 본문 중 그 어느 곳도 동성애라는 부정 행위에 대해서는 한 마디도 언급하고 있지 않다는 것이다. 2세기 팔레스타인의 위서 僞書에 와서야 비로소 소돔의 죄가 부자연스러운 성적 태도였다고 기록되어 있다.[9] 그리고 그 사실은 유다서 1장 7절에도 분명하게 나와 있으며("소돔과 고모라와 그 이웃 도시들도 저희와 같은 모양으로 간음을 행하며 다른 색을 따라 가다가"), 헬라 사회의 동성애 관습에 충격을 받은 유대인 작가 필로Philo와 요세푸스Josephus의 글에도 마찬가지로 그 내용이 나오고 있다.

베일리는 기브아 이야기도 같은 방식으로 다루고 있다. 두 이야기는 서로 비슷한 병렬 구조를 이루고 있다. 또 한 사람의 외국인 거주민(이번에는 익명의 "한 노인")이 두 명의 나그네(천사가 아니라 레위인과 그의 첩)를 자기 집으로 초대한다. 악한 남자들이 그 집을 에워싸고 소돔 사람들과 똑같은 요구를 한다. "우리가 그와 관계"하도록[사사기 19:22] 그 손님들을 내보내라고 한 것이다. 집주인은 처음에는 "내 집에 들어온 손님"에게 "이런 망령된 일을 행하지 말라"고 간청을 하다가 나중에는 자기 딸과 그 레위인의 첩을 대신 내보낸다. 여기서 기브아 남자들의 죄도 동성애 성관계를 제안한 것이 아니라 손대접의 법을 어긴 것이라고 베일리는 주장한다.

이런 식으로 두 편의 성경 기사를 재구성한 것이 기껏해야 가설일 뿐임을 베일리 자신이 알았음이 분명함에도, 그는 "역사적 사실의 차원에서건 계시된 진리의 차원에서건 소돔 성과 그 이웃 주민들이 동성애 행위로 인해 멸망당했다고 믿을 이유는 하나도 없다"[10]고 과장되게 주장한다. 그러면서 오히려 '남색' sodomy에 대한 기독교의 전통적 태도는 그보다 후대에 기록된 유대인 외경에서 비롯되었다고 주장한다.

그러나 베일리의 주장은 다음의 몇 가지 이유에서 설득력이 없다.

1. 악한, 망령된, 그리고 수치스러운[창세기 19:7; 사사기 19:23]이라는 형용사는 손대접의 법을 어긴 것을 설명하는 말로는 적합하지 않아 보인다.
2. 여자들을 대신 내놓은 것은 "이 사건에 어느 정도 성적

함의가 있는 것으로 보인다."[11]

3. 히브리어 동사 '야다'가 구약성경에서 성관계의 의미로 쓰인 경우가 열 번밖에 안 되는 것은 사실이지만, 베일리는 그 열 번 중에서 여섯 번이 창세기에 나오며 그중 한 번은 바로 소돔 이야기에서 롯의 딸들이 아직 남자를 "가까이 하지 아니한"19:8이라고 하는 부분에 쓰이고 있음은 지적하지 않는다.

4. 신약성경을 진지하게 받아들이는 사람이라면, 유다가 명백하게 소돔과 고모라가 "음란하며 다른 육체를 따라"갔다고유다서 1:7 지적한 것을 두고 단순히 유대인의 위서에서 베낀 오류라고 치부할 수는 없다.

물론 동성애가 소돔의 유일한 죄는 아니었다. 그러나 성경에 의하면 그것은 분명 소돔의 여러 죄 중 하나였으며 그러한 여러 죄로 인해 하나님의 두려운 심판이 그 위에 내렸던 것이다.

레위기의 본문들

레위기의 두 본문은 거룩에 관한 규례에 나오는 부분이며, 이 규례는 레위기의 핵심으로서 하나님의 백성에게 하나님의 법을 따르고 (그들이 살던) 애굽이나 (하나님이 그들을 데려다 놓으신) 가나안 지방의 관습을 따르지 말 것을 요구하고 있다. 그들의 관습이란 금지된 성관계의 종류, 여러 가지 성적 일탈, 유아를 제물로 바치는 행위, 우상숭배 그리고 갖가지 사회적 불의 등이었다. 그러한 맥락에서 다음의 두 본문을 읽어야 한다.

> 너는 여자와 동침함 같이 남자와 동침하지 말라 이는 가증한 일이니라 레위기 18:22

> 누구든지 여인과 동침하듯 남자와 동침하면 둘 다 가증한 일을 행함인즉 반드시 죽일지니 자기의 피가 자기에게로 돌아가리라 레위기 20:13

베일리는 "레위기의 두 율법 모두가 의식이나 종교의 이름으로 행해지는 행위가 아니라 두 남자간의 일반적인 동성애 행위를 말하는 것임에는 의문의 여지가 거의 없다"고 말한다.[12] 그러나 다른 학자들은 오히려 베일리가 부인하는 바로 그 점을 긍정하고 있다. 그들은 정결 예식에 대한 율법이 대부분의 내용을 구성하는 본문 사이에 위의 두 구절이 끼어 있음을 지적하고 있으며, 피터 콜먼Peter Coleman은 두 구절 모두에서 "혐오스러운" 혹은 "가증스러운"으로 번역되어 있는 단어는 우상숭배와 연관된다고 덧붙인다. "영어에서 그 단어는 혐오감 혹은 비난을 의미하지만 성경에서는 주로 그 의미가 도덕이나 미학보다는 종교적 진리와 연관되어 있다."[13]

그렇다면 이러한 금지 조항이 단순히 종교적인 금기일 뿐이란 말인가? 아니면 이 금지는 "이스라엘 여자 중에 창기가 있지 못할 것이요 이스라엘 남자 중에 남창이 있지 못할지니"신명기 23:17 라는 또 다른 금지 조항과 연관된 것인가?

가나안의 다산多産에 관련된 의식에 매음 행위가 포함되어 있었음은 분명한 사실이며, 따라서 (비록 그들이 동성간의 성관계를 행했는지 확실한 증거는 없을지라도) 남자 및 여자 '거룩한 창기'가 분명히 있었다. 이스라엘과 유다의 악한 왕들은 끊임없이 그러한 자들을 야훼의 종교로 끌어들였고, 의로운 왕들은 그들을 끊임없이 쫓아내었다.14)

이러한 근거에서 동성애를 지지하는 측은, 레위기의 본문들은 이미 사라진 지 오래된 종교적인 관습을 금지하고 있는 것이며 오늘날의 동성애 관계와는 아무런 상관성이 없다고 주장한다. 그러나 그 주장을 증명할 책임은 그들의 몫이다. 이 두 구절에 대한 명백하고 자연스러운 해석은 모든 종류의 동성애 성관계를 금지한다는 것이다. 그리고 그 대가가 죽음이었다고 하는 사실은 (물론 이것도 오래 전에 폐기되긴 했지만) 동성애 행위가 얼마나 심각하게 여겨졌는지를 보여 준다.

로마서 1장에 나타난 바울의 가르침

이 때문에 하나님께서 그들을 부끄러운 욕심에 내버려 두셨으니 곧 그들의 여자들도 순리대로 쓸 것을 바꾸어 역리로 쓰며 그와 같이 남자들도 순리대로 여자 쓰기를 버리고 서로 향하여 음욕이 불 일듯 하매 남자가

> 남자와 더불어 부끄러운 일을 행하여 그들의 그릇됨에
> 상당한 보응을 그들 자신이 받았느니라 로마서 1:26-27

모든 사람들이 이 본문을 사도 바울이 당시의 그리스 로마 사회에서 우상을 숭배하는 이교도를 일컫는 묘사라는 데에 동의한다. 그들은 창조된 세계를 통해서 하나님에 대한 지식이 어느 정도 있었고19-20절 나름의 도덕적 감각도 있었지만32절, 그들은 사악한 일을 행하기 위해 자신이 알고 있는 진리를 억압했다. 하나님께 합당한 영광을 돌리는 대신 우상을 숭배했고 하나님과 피조물을 혼동했다. 그들에 대한 심판으로서 하나님은 그들의 타락한 생각과 퇴폐적인 관습을 "내버려 두셨고"24·26·28절, 그러한 관습에는 "부자연스러운" 성관계도 포함되어 있었다.

이 본문은 일단 처음 보면 분명하게 동성애 행위를 정죄하고 있는 것으로 보인다. 그러나 이에 반대되는 두 가지 주장이 있다.

첫째, 사도 바울이 오늘날 '역리逆理적 성향'(동성애 성향을 가진 사람)과 '역리적 행위'(이성애 성향을 가지고 있으면서도 동성애 행위에 탐닉하는 사람)가 별개라는 사실을 전혀 모르기는 했지만, 여기서 그가 정죄하고 있는 것은 후자이지 전자가 아니다. 그럴 수밖에 없는 이유는, 바울이 그들을 여자와의 자연스러운 관계를 '버렸다'abandoned고 묘사하고 있다는 사실에서 알 수 있는데, 완전한 남성 동성애자라면 그 누구도 여자와 자연스러운 관계를

한 번도 가지지 않았을 것이기 때문이다.

둘째, 사도 바울은 하나님의 심판으로 '내버려 두신' 사람들의 무모하고, 뻔뻔하고, 방탕하고, 난잡한 태도를 묘사하고 있음이 분명하다. 이것이 서로 헌신하고 사랑하는 동성애 관계와 무슨 상관이 있단 말인가? 하지만 이 두 주장은 반박될 수가 있다. 특히 바울이 "순리"nature, 즉 창조 질서를 언급한 데서 반박이 가능한데, 이에 대해서는 뒤에서 설명하겠다.

바울의 다른 본문들

불의한 자가 하나님의 나라를 유업으로 받지 못할 줄을 알지 못하느냐 미혹을 받지 말라 음행하는 자나 우상숭배하는 자나 간음하는 자나 탐색하는 자나 남색하는 자나 도적이나 탐욕을 부리는 자나 술 취하는 자나 모욕하는 자나 속여 빼앗는 자들은 하나님의 나라를 유업으로 받지 못하리라 고린도전서 6:9-10

알 것은 이것이니 율법은 옳은 사람을 위하여 세운 것이 아니요 오직 불법한 자와 복종하지 아니하는 자와 경건하지 아니한 자와 죄인과 거룩하지 아니한 자와 망령된 자와 아버지를 죽이는 자와 어머니를 죽이는 자와 살인하는 자며 음행하는 자와 남색하는 자와 인신 매매를 하는 자와 거짓말하는 자와 거짓맹세하는 자와 기타

바른 교훈을 거스르는 자를 위함이니 디모데전서 1:9-10

이 두 본문은, 바울이 첫째, 하나님 나라와 양립할 수 없고, 둘째, 율법이나 복음과도 양립할 수 없다고 주장하는 추한 죄의 목록이다. 이러한 죄를 범하는 사람 중 한 무리는 '말라코이'malakoi라고 불리고 또 다른 무리는 (두 본문 모두에서) '아르세노코이타이'arsenokoitai라고 불리고 있다. 이 말은 무슨 뜻일까?

우선 RSVRevised Standard Version의 원래 번역에서 고린도전서 6장 9절에 나오는 이 두 단어가 결합되어 "동성애자들"homosexuals이라고 옮겨진 것은 참으로 유감이다. 그 단어가 그렇게 사용됨으로써 "동성애 성향을 가지고 태어난 사람의 경우 그가 도덕적으로 흠잡을 데 없는 사람이라 할지라도 자동적으로 불의한 사람으로 분류되어 하나님의 나라에서 제외된다고 주장하는 근거가 되어 버렸다"[15]고 베일리가 항의한 것은 옳다. 다행히도 그러한 항의가 받아들여져 개정판1973년에서는 여전히 두 단어를 결합시키고는 있지만 그래도 그들을 "성도착자"sexual perverts로 부르고 있다. 여기서의 요점은 고린도전서 6장 9-10절에서 나열하고 있는 열 개의 범주("탐욕을 부리는 자"는 혹 예외로 하더라도) 모두가 자신의 '행위'로서 죄를 지은 사람들(예를 들어, 우상숭배하는 자, 간음하는 자, 도적)을 나타내고 있다는 것이다.

그러나 헬라어 말라코이와 아르세노코이타이는 서로 합해져서는 안 된다. 두 단어가 각자 "분명한 의미를 가지고 있기 때문이다. 첫 번째 단어는 문자적으로는 '만지기에 부드러운'soft to the touch이라는 뜻으로, 헬라인들 사이에서는 비유적으로 동성애 성관계에서 수동적 역할을 하는 남자들(반드시 소년일 필요는 없다)을 의미했다. 두 번째 단어는 문자적으로는 '침대에 있는 남자' male in a bed라는 뜻이며, 헬라인들은 이 표현을 능동적인 역할을 하는 사람을 설명하는 데에 사용했다."16) 가톨릭 역본인 예루살렘 성경1996년은 제임스 모패트James Moffatt를 따라 "미동과 남색자"catamites and sodomites라는 불쾌한 단어를 사용하고 있지만, 콜먼은 결론에서 "아마도 사도 바울은 고대 세계에서 가장 흔했던 동성애 행위의 양태인 나이 든 남자와 사춘기를 지난 남자들 사이의 상업적 남색을 염두에 두었을 것"이라고 주장하고 있다.17) 만일 그렇다면, 바울의 정죄는 서로 동의하고 서로에게 헌신된 동성애자 성인과는 상관 없는 것이라고 주장할 수 있으며 또한 그렇게 주장되어 왔다.

그러나 콜먼은 그러한 결론을 내리지 않는다. 그의 요약은 다음과 같다. "종합해 볼 때, 사도 바울은 로마서에서는 이방인들의 악으로서, 고린도서에서는 하나님 나라의 장애물로서, 디모데전서에서는 도덕법에 따라 거부해야 할 범죄로서 동성애 행위를 용납하지 않고 있다."18)

성경의 본문을 넘어서

동성애 행위를 언급한 성경의 본문들을 살펴보면서, 우리는 그 본문이 단 네 곳에 불과하다는 데에 동의할 수밖에 없다. 그렇다면 이 주제가 성경의 주요 취지에서 벗어난 주변적인 것에 불과하다고 결론지어야 하는가? 더 나아가 동성애 생활방식을 단호하게 반대하는 입장을 취하기에는 다소 불완전한 근거밖에 되지 않는다고 인정해야 하는가? 성경에서 금지하고 있는 것은 "매우 특수한 것"[19]—손대접의 법을 어김소돔과 기브아, 이교 의식에 대한 금기레위기, 수치심도 모르는 방탕로마서, 그리고 남성간의 성매매나 젊은이의 부패고린도전서와 디모데전서—이며, 해당 본문 모두가 동성애 성향을 타고난 사람들의 동반자 관계에 대해 정죄는 물론 암시조차 하고 있지 않다고 주장하는 사람들이 옳은 것인가?

예를 들어, 리타 스칸조니Letha Scanzoni와 버지니아 몰렌코트 Virginia Mollenkott가 《동성애자는 나의 이웃인가?》*Is the Homosexual My Neighbor?*에서 내리고 있는 결론은 다음과 같다. "성경은 특정한 동성애 행위(그리고 집단 강간, 우상숭배, 탐욕스럽고 난잡한 성행위)는 분명하게 정죄하고 있다. 그러나 그 밖에 다른 종류의 동성애—'동성애 성향'과 '이성애의 일부일처제와 비슷한 헌신된 사랑의 관계'—에 대해서는 침묵하고 있는 것 같다."[20]

그러나 그렇지 않다. 이러한 결론이 그럴듯하게 들리기는 하지만 성경의 내용을 그렇게 다룰 수는 없다. 기독교가 동성애 행위를 거부하는 근거는 (일부의 주장처럼) 전통적인 해석을 뒤엎을 수 있는 "몇 개의 따로 떨어져 있고 모호한 성경 본문"이 아니다. 나로서는, 성경의 가르침에 대한 부분을 포함시키는 사람들

모두가 이러한 방식으로 이 문제를 다루는 게 불편하다.

예를 들어, 베일리는 "동성애 행위에 대한 기독교적인 태도를 고찰할 때는 불가피하게 소돔과 고모라의 멸망 이야기부터 시작하게 된다"고 말한다.[21] 그러나 그렇게 시작하는 것이 불가피한 일이 아니다. 오히려 그것은 분명한 오류다. 동성애 행위에 대한 성경의 '부정적인' 금기는, 인간의 성과 이성애 결혼에 대한 창세기 1장과 2장의 '긍정적인' 가르침에 비추어 볼 때 비로소 이해가 된다. 그러나 베일리는 그 점에 대해 전혀 언급하지 않는다. 심지어 이 주제에 대해서 지금까지 출판된 책 중에서 가장 포괄적인 성경적·역사적·도덕적 개관이라고 할 수 있는 《동성애에 대한 기독교의 태도》Christian Attitudes to Homosexuality에서 콜먼도, 바울이 창세기 2장 24절을 인용하는 고린도전서 6장을 단지 스쳐지나는 정도로만 언급하고 있을 뿐이다. 그러나 성과 결혼에 대한 성경의 유익한 긍정적 가르침이 없이는 동성애 문제에 대한 우리의 관점은 왜곡될 수밖에 없다.

3. 성경이 말하는 성과 결혼

내 생각에는, 우리의 연구를 시작해야 하는 핵심적인 지점은 창세기 2장에 나오는 결혼 제도다. '레즈비언과 게이 크리스천 운동' 회원들이 의도적으로 이성애자의 결혼과 동성애자의 동반자 관계를 서로 대등한 것으로 보고 있기 때문에, 이러한 대등성이 정당화될 수 있는지 확인하는 작업이 반드시 필요하다.

결혼에 대한 기본 진리

하나님께서 자신의 섭리로 우리에게 두 편의 서로 다른 창조 기사를 주신 것은 자명해 보인다. 첫 번째 기사(창세기 1장)는 일반적이며 양성간의 동등함을 주장한다. 남자와 여자 모두가 하나님의 형상으로 창조되었으며 이 세상을 다스리는 청지기의 임무도 공유하기 때문이다. 두 번째 기사(창세기 2장)는 특수하며 양성간의 보완성을 주장하는데, 이것이 바로 이성애 결혼의 기초를 제공해 주고 있다. 창조에 대한 이 두 번째 이야기로부터 세 가지 기본 진리가 나온다.

첫째, **인간은 동반자를 필요로 한다.** "사람이 혼자 사는 것이 좋지 아니하니……"2:18상. 물론 이 주장은 사도 바울이 (분명 창세기의 이 구절을 모방하여) "남자가 여자를 가까이 아니함이 좋으나"고린도전서 7:1라고 함으로써 상쇄되는 것이 사실이다. 바울의 이 말은 비록 결혼이 하나님이 세우신 좋은 제도이기는 하지만, 독신으로의 부르심도 어떤 이들에게는 좋은 소명이라는 것이다.

그럼에도 일반적으로 볼 때 "사람이 혼자 사는 것은 좋지 않다." 하나님이 우리를 사회적 존재로 창조하셨기 때문이다. 사랑이신 하나님이 우리를 당신 모습대로 만드셨기 때문에 하나님은 우리에게 사랑하고 사랑받을 수 있는 능력을 주셨다. 하나님은 우리를 혼자가 아니라 공동체로 살도록 만드셨다. 특히 하나님은 "내가 그를 위하여 돕는 배필을 지으리라"2:18하고 이어서 말씀하신다. 게다가 하나님이 "그를 위하여"라고 선언하시는 이 "돕는 배필"helper 혹은 동반자는 또한 그의 성적 파트너가 되어서 그와 "한 몸"one flesh을 이루어 이를 통해 사랑을 완성하고 자녀들을 가지도록 하셨다.

둘째, **인간의 욕구를 채우기 위해 하나님이 무엇을 준비하셨는지**를 창세기 2장은 보여 준다. 아담에게 동반자가 필요함을 공개적으로 인정하신 후 하나님은 그에게 적합한 동반자를 찾기 시작하신다. 먼저 하나님은 새와 동물들을 아담 앞으로 지나가게 하시고 아담은 그것들에 '이름'을 붙여 주기 시작한다. 이는 아담이 그것들을 자신이 돌볼 대상으로 받아들임을 상징하는 것이다. 그러나 "아담에게 적합한 동반자는 찾을 수가 없었다"for Adam no suitable helper was found, 20절·NIV. 그의 배우자는 물론이려니와 그의 '곁' 혹은 '맞은 편'에서 살면서 그를 보완해 주고, 그의 다른 한 짝이 되어 주고, 동반자가 되어 줄 존재는 없었다. 따라서 특별한 창조가 필요했다.

그 후에 나오는 본문(하나님의 마취로 이행된 외과 수술)을 어느 정도까지 문자 그대로 받아들여야 하는지에 대한 논쟁 때문에 요점을 놓쳐서는 안 되겠다. 아담이 깊은 잠을 자는 동안에 어떤 일이 일어났다. 하나님의 창조라고 하는 특별한 작업이 진행된 것이다. 성性이 서로 분화分化되었다. 구별되지 않았던 아담이라고 하는 인간 존재로부터 남자와 여자가 나타났다. 그리고 아담이 깊은 잠에서 깨어나자 그 앞에는 자신의 모습을 비춰 주는 존재, 자신을 보완해 주는 존재, 참으로 자신의 일부인 존재를 보게 되었다. 남자로부터 여자를 창조하신 하나님은 직접 그 여자를 남자에게로 데려다 주었고, 이는 오늘날 신부의 아버지가 신부를 신랑에게 내어 주는 것과 같은 모습이다. 그리고 아담은 자발적으로 역사상 최초의 사랑 시를 지어서, 이제 드디어 자기 앞에 그토록 아름답고 자신과 비슷한, 그래서 마치 "자신을 위해 만들어진 것"처럼 보이는(실제로 그러했다) 존재가 서 있다고 읊었다.

> 이는 내 뼈 중의 뼈요 살 중의 살이라 이것을 남자에게서 취하였은즉 여자라 부르리라 창세기 2:7

이 이야기가 강조하는 바는 명백하다. 창세기 1장에 의하면, 하와는 아담처럼 하나님의 형상으로 만들어졌다. 그러나 창세기 2장에 의하면 하와가 창조된 방식은 (이 우주처럼) 무로부터도 아니고 (아담처럼) "땅의 먼지로부터"from the dust of the ground, 7절 · NIV도 아니라, 아담으로부터였다.

창세기 2장에 나오는 세 번째 위대한 진리는, **그 결과로 생겨난 결혼이라고 하는 제도**이다. 아담의 사랑 시는 23절에 기록되어 있으며, 24절의 "이러므로" 혹은 "그로 인해"는 내레이터가 내리는 연역적 논리의 결론이다. "이러므로 남자가 부모를 떠나 그의 아내와 합하여 둘이 한 몸을 이룰지로다."

별로 집중해서 읽지 않는 독자라 할지라도 몸에 대한 언급이 세 번이나 나오는 데에 놀랄 것이다. "이는 내 살 중의 살", "한 몸을 이룰지로다" 같은 구절은 의도된 것이지 우연이 아니라고 확신할 수 있다. 이 말씀은 결혼에서 이성애자의 성관계가 결합union을 넘어서는 것임을 보여 준다. 그것은 일종의 재결합reunion인 것이다. 그것은 서로에게 속하지 않았고 서로 적절하게 한 몸이 될 수 없는 이질적인 사람간의 결합이 아니다. 오히려 그것은 원래 하나였다가 서로 분리되었으나, 이제는 결혼이라고 하는 성적 만남을 통해서 다시 하나가 된 두 사람간의 결합이다.

이것이 바로 모든 문화의 시인과 철학자들이 칭송한 이성애의 친밀감이 가지는 심오한 신비를 설명해 주는 것이다. 이성애의 성관계는 육체의 결합을 훨씬 능가하는 것이다. 그것은 서로 보완되는 인격간의 융합이며, 이를 통해서 소외가 만연한 이 세상에서 인간의 풍성하고 창조된 하나됨이 다시 한 번 경험되는 것이다. 또한 남성과 여성의 상호 보완적인 성 기관은, 훨씬 더 깊은 영적 보완성을 육체적 차원으로 보여 주는 상징에 불과하다.

그러나 한 몸이 되기 위해서는, 그리고 이러한 성스런 신비를 경험하기 위해서는, 몇 가지 준비가 필요하며 이것이 결혼을 구성하는 요소들이다. 24절에 의하면 "이러므로 남자ᴀ ᴍᴀɴ가(여기서 단수를 사용한 것은 결혼이 두 개인의 배타적 결합임을 암시한다) 부모를 떠나(결혼이 공적인 사회적 사건임을 염두에 둔 표현이다) 그의 아내와 합하여(결혼은 서로 사랑하는 두 사람간의 결합의 헌신 혹은 언약이며, 이것은 이성애적이며 영구적이다) 한 몸을 이룰지로다(결혼은 반드시 성관계를 통해서 완성이 되어야 하는데 이는 결혼 언약의 징표이자 봉인이며, 이 본문에서는 아직 수치나 부끄러움의 그림자가 드리워지지 않았다25절)."

예수님 자신이 이 구약성경의 결혼에 대한 정의를 지지하셨음을 기억해야 한다. 예수님은 창세기 1장 27절의 말씀으로 시작하셔서("사람을 지으신 이가 본래 그들을 남자와 여자로 지으시고" 마태복음 19:4) 자신의 논평으로 말씀을 맺으셨다("그런즉 이제 둘이 아니요 한 몸이니 그러므로 하나님이 짝지어 주신 것을 사람이 나누지 못할지니라" 마태복음 19:6).

이 말씀에서 예수님은 창조주 하나님의 활동에 대해서 세 가지 진술을 하셨다. 첫째, 하나님이 사람을 남자와 여자로 "만드셨다." 둘째, 하나님이 남자가 자신의 부모를 떠나 아내와 연합해야 한다고 "말씀하셨다". 셋째, 하나님이 그 누구도 나눌 수 없도록 그 둘을 함께 "짝지어 주셨다." 그렇다면 예수님이 주장하신 세 가지 진리는 아래와 같다.

1. 이성애 성별은 하나님의 창조물이다.
2. 이성애 결혼은 하나님이 만드신 제도다.
3. 이성간 정절은 하나님의 의도다.

동성애 관계는 하나님이 의도하신 이 세 가지의 목적 모두를 위반하는 것이다.

동성애와 결혼

창세기 1장과 2장의 창조 기사 맥락에서, 마이클 베이시Michael Vasey가 《이방인과 친구들》Strangers and Friends에서 동성애 지지와 복음주의 신앙을 결합하려고 한, 진지하나 그릇된 시도에 대해 대답을 해야겠다.

"약 13세기까지는 동성애 욕망과 태도에 대해서 그리스도인들이 대체로 수용적이었다"[22]고 하는 그의 역사적인 명제는 존 보스웰의 글에 기댄 주장이다.[23] 그러나 보스웰의 작업에 대한 동료 역사가들의 학문적 평가는 "매우 비판적인 입장에서부터 무시 그리고 강력한 반대에 이르기까지"[24] 매우 다양하다. 에딘버러 대학의 데이비드 라이트 박사Dr. David Wright는 《초기 기독교 백과사전》*The Encyclopedia of Early Christianity*에서 동성애에 대한 자신의 글을 다음과 같이 맺고 있다. "결론적으로 말하자면, 보스웰의 책은 흥미롭기도 하고 자극을 주기도 하지만, 결국에는 초기 교회의 가르침이 동성애 행위를 묵인했다고 하는 확고한 증거는 하나도 제시하지 못했다고 할 수밖에 없다."[25]

마이클 베이시가 성경의 자료를 다루는 방식은 그보다 더 설득력이 떨어진다. 그는 "핵가족의 가족적 이상을 성경에 부여한다는"[26] 이유에서 창세기 2장 24절의 함의에 호소하는 모든 자료는 다 무시해 버린다. 그는 결혼과 가족에 대해 상당한 증오를 드러내고 있으며, 그것을 현대 사회의 파괴적인 '우상'으로 그리고 있다.[27] 그는 예수님이 결혼하지 않으셨다고 상기시키면서, 그 이유는 바로 예수님이 결혼에 찬성하지 않았기 때문이라고 암시적으로 말한다. "예수님이 창세기 2장 24절을 인용한 바로 그 본문에서 예수님은 결혼의 포기를 칭찬"[28]하신다는 것이다. 그는 예수님과 사도들의 가르침에 나오는 복음과 결혼 사이에는 근본적인 갈등이 있다고까지 주장한다. "그들에게 가족은 하나님께 반역하는 특징을 가진 이 세상의 질서에 속하는 것이었기 때문이다."29) 따라서 "현실의 덧없는 질서 속에서 노예로 계속 살" 필요가 없도록 "사회 제도와 결혼과 가족의 책임에서 벗어나는 것이 기독교의 자유로 들어가는 걸음이었다"30)고 주장한다. 이렇게 분석을 하게 되면 동성애 관계는 또 다른, 심지어 더 나은 선택 사항이 되어 버린다.

그러나 마이클 베이시는 성경의 자료를 자신의 목적에 맞게 왜곡했다. 예수님 자신의 독신생활이든, 독신이 어떤 사람들에게는 하나님이 주신 소명이라고 하는 그분의 가르침이든 마태복음 19:11-12, 그 어느 것도 예수님이 결혼과 가족에 반대하셨다는 증거로 사용될 수는 없다. 그것은 창조 질서에 속하는 것이기 때문이다. 또한 창세기 1장과 2장에 그려진 가족이 부정적인 혹은 이기적인 의미에서의 '핵가족'인 것은 아니다. 물론 예수님이 새로운 질서의 시대를 여시고 자신의 새로운 공동체를 가족이라고 하셨고마가복음 3:34, 예수님에 대한 충성과, 혈연과 결혼에 의해 생긴 가족에 대한 충성 사이에 피할 수 없는 갈등이 생기게 될 경우 예수님에 대한 충성이 우선이어야 한다고 경고하신 것마태복음 10:37; 누가복음 14:26은 사실이다. 그러나 예수님과 사도들은, 그리스도인은 여전히 가족을 책임져야 한다고 주장했고, 그 책임에는 부모와 자녀, 그리고 남편과 아내 사이의 상호적 의무마가복음 7:9-13; 에베소서 5:22-6:4가 포함된다. 새로운 창조는 옛 창조를 회복하고 구원하는 것이지 거부하거나 대체하는 것이 아니다.

우상에 대해서 말하자면, 하나님의 모든 좋은 선물은 우상이 될 수 있으며, 결혼과 가족도 예외는 아니다. 그러나 결혼도 가족도 그 자체로는 우상이 아니며 사람을 노예로 만들지도 않는다. 그러나 동성애 관계는 한 몸이 되는 친밀감을 누릴 수 있는 조건으로서 하나님이 명령하신 결혼과는 본질적으로 양립할 수가 없다.

따라서 성경은 하나님이 제정하신 결혼을 이성애적 일부일처제로 정의한다. 그것은 한 남자와 한 여자의 결합이며, 공개적으로 인정받아야 하며("부모를 떠나"), 영원히 봉인되어야 하며("그의 아내와 합하여"), 육체적으로 완성되어야 한다("한 몸"). 성경은 다른 어떤 종류의 결혼이나 성관계를 구상하고 있지 않으며, 그 이유는 하나님이 다른 대안을 마련하시지 않았기 때문이다.

그러므로 그리스도인들은 동성애 성관계를 특별히 정죄해야 할 것으로 따로 떼어내서 보면 안 된다. 하나님이 계시하신 의도에서 벗어나는 모든 종류의 성적 관계나 행위가 사실상 하나님을 불쾌하게 하는 것이며, 하나님의 심판 아래 놓이게 된다. 여기에는 일부다처제와 일처다부제(이는 "한 남자, 한 여자" 원칙을 어기는 것이다), 동거와 비밀 결혼(공개적으로 확고하게 부모를 떠나지 않았으므로), 가벼운 만남과 한시적 관계, 간음과 많은 이혼 사례들(이는 "합하여"의 원칙과 "사람이 나누지 못할지니라"고 하신 예수님의 금지 명령에 대립된다), 그리고 동성애 관계(이는 "남자가"

"그의 아내"와 결합해야 한다는 선언을 어기는 것이다) 등이 포함된다.

종합하자면, 하나님이 의도하시고 성경이 숙고하고 있는 유일한 "한 몸"의 체험은 한 남자가 자신의 살 중의 살이라고 인정하는 자기 아내와 가지는 성적 결합이다. 캔터베리의 대주교인 조지 케어리George Carey가 1997년 2월 10일 버지니아 신학교에서 행한 연설에서 언급했듯이, 나는 "성경이든 기독교 전통을 통틀어서든, 결혼 관계 밖에서의 성행위에 대한 그 어떤 정당화도 찾을 수가 없다."

4. 오늘날의 논쟁점

그러나 동성애자 그리스도인들은 인간의 성과 이성애 결혼 제도에 대한 성경의 가르침에 만족하지 못한다. 그들은 동성애 동반자 관계의 합법성을 변호하기 위해 몇 가지 반론을 제시한다.

성경과 문화라는 논거

전통적으로 성경은 모든 동성애 행위를 정죄한다고 여겨졌다. 그러나 이 문제에 대해서 성경의 저자들은 믿을 만한 안내자인가? 그들의 시각이 그들 자신의 경험과 문화의 한계를 벗어나지 못한 것은 아닌가? 문화에 관한 논쟁은 대체로 다음의 두 가지 중 하나의 형태를 띤다.

첫째, 성경의 저자들은 자신의 상황과 연관된 질문을 다루고 있으며, 그것은 우리의 질문과는 매우 다르다. 소돔과 기브아 이야기에서 성경 저자는 지금은 진부해진 고대 근동의 손대접 관습에 대해서, 혹은 (만약에 그 죄가 성적인 것이었다고 한다면) 매우 특이한 현상인 동성애 집단 강간 문제에 몰두하고 있다. 레위기 율법의 관심은 고대의 다산多産 의식에 있으며, 바울은 헬라의 남색가들이 선호하는 특이한 성적 관계 문제를 다루고 있다. 그런데 이 전부가 너무도 오래 전 이야기다. 성경 저자들은 자신의 문화에 얽매여 있기 때문에 그들이 이 주제에 대해서 가르치고 있는 내용은 적절하지가 않다.

둘째, (그리고 첫째를 보완하는 문화의 문제는) 성경 저자들이 '우리'의 문제를 다루고 있지 않다는 것이다. 따라서 성경의 가르침만 문제가 되는 것이 아니라, 성경이 침묵하고 있는 부분도 문제가 된다. (구약성경 저자는 물론이거니와) 바울조차도 후기 프로이트 심리학에 대해서는 전혀 아는 바가 없었다. 그들은 "타고난 동성애 성향"에 대해서 들어 본 바가 없으며, 일부 행위에 대해서만 알았을 뿐이다. "역리적 성향"과 "역리적 행위"의 차이도 그들은 이해하지 못했을 것이다. 두 남자끼리 혹은 두 여자끼리 서로 사랑에 빠질 수 있고 결혼에 비교될 정도로 깊이 사랑하며 안정적인 관계를 발전해나갈 수 있다고는 상상조차 하지 못했을 것이다.

이 주제에 대한 성경의 가르침을 그저 금지 본문들만 찾아

본다면, 이 같은 반대 의견에 답하기는 어려울 것이다. 그러나 일단 그 본문을 결혼이라는 하나님의 제도와의 관계에서 보게 되면, 우리에게는 보편적으로 적용 가능한 하나님의 계시의 원칙이 생긴다. 이 원칙은 고대 근동과 1세기 헬라-로마 세계의 문화적 상황 모두에 적용이 되었으며, 고대인들이 비교적 무지했던 현대의 성 문제에도 마찬가지로 적용이 될 수 있다.

성경에서 동성애를 금지하고 있는 이유는, 오늘날 서로 사랑하는 '동성애 동반자 관계'도 정죄되어야 하는 이유와 같은데, 그것은 바로 동성애가 하나님의 창조 질서(이성애 일부일처제)와 양립할 수 없다는 것이다. 또한 이러한 질서가 문화가 아니라 창조와 함께 설립되었기 때문에 그 유효성은 영구적이며 또한 보편적이다. 하나님의 창조 규범으로부터의 '자유'란 있을 수 없으며, 진정한 자유는 오직 그 규범을 받아들일 때에만 누릴 수 있다.

이 논거는 게이 지지자들이 비난하는 '성경적 문자주의'와는 다르다. 오히려 성경의 표면적인 금지를 넘어 그 밑에 깔려 있는 '성과 결혼에 대한 하나님의 계시에 담긴 핵심적 긍정'을 바라보는 관점이다. 동성애 관계를 지지하는 이들이 대체로 그들의 논의에서 창세기 1장과 2장을 생략하고 있다는 점은 주목할 만한 사실이다. 예수님은 이 본문의 가르침을 지지하셨는데도 말이다.

창조와 자연이라는 논거

이렇게 말하는 사람들도 있다. "나는 하나님이 나를 동성애자로 만드셨기 때문에 동성애자다. 따라서 동성애는 좋은 것일 수밖에 없다. 하나님이 사람을 동성애자로 만들어 놓으시고는 그들의 성적 자기 표현의 권리는 허용하시지 않는다고는 생각할 수가 없다. 따라서 나는 하나님의 창조로 이루어진 지금의 모습을 긍정하고, 나아가서 축하하고자 한다."

혹은 이렇게 말할 수도 있다. "동성애 행위가 자연과 정상성에서 벗어난다고 말할지 모르지만, **나**에게는 자연스러운 것이고, **나**는 그것을 조금도 비정상적이라고 여기지 않는다."

노먼 피텐저Norman Pittenger는 20년 전에 이와 같은 주장을 퍽 노골적으로 하고 다녔다. 동성애자는 "'부자연스러운' 욕망과 습관을 가진 '비정상적인' 사람이 아니다"라고 그는 말한다. "이성애 성향을 가진 사람이 이성애적으로 행동하는 것이 그에게 '자연스러운' 일이라면, 동성애 성향을 가진 사람이 자신이 기본적으로 타고난 동성애 욕망과 욕구에 따라 행동하는 것도 마찬가지로 '자연스러운' 일이다"[31]라고 그는 주장한다.

또 다른 사람들은 동성애 행위가 많은 원시 사회에서는 비교적 잘 받아들여졌고, 심지어 일부 진보한 문명(예를 들어 고대 헬라)에서는 이상화되기까지 했으며, 동물들 사이에서는 꽤 광범위하게 행해지기 때문에 "자연스럽다"고 주장한다. 그러나 토마스 슈미트Thomas E. Schmidt에 의하면, "어떤 영장류가…… 킨지의 잣

대로 볼 때 6등급(완전한 동성애적 성향)을 받으리라고 추정할 만한 증거는 아직 하나도 나타나지 않았다"[32]고 하는 것이 연구자들의 일치된 견해다.

여하튼 이러한 논거들은 무엇이 자연스럽고 정상적인가 하는 문제에 대해 매우 주관적인 관점을 보여 주고 있다. "정상성이나 자연스러움을 정하는 영원한 기준이란 없다"[33]고 하는 노먼 피텐저의 주장을 받아들여서는 안 된다. 또한 동물의 행동이 인간의 행동 기준을 마련해 준다고 하는 주장에도 동의할 수 없다! 하나님이 창조 과정을 통해 성과 결혼에 대한 기준을 세워 놓으셨기 때문이다.

이것은 이미 구약 시대에 인정이 된 사실이다. 그래서 동물과의 성관계는 "문란한 일"레위기 18:23로 여겨져 금지되었다. 이 말은 그 행위가 자연을 어긴 혹은 자연을 혼동한 행위라는 뜻인데, 이것은 "태생적으로 자연법(도덕률)에 대한 자각이 있었음"[34]을 암시한다. 주전 2세기에 기록된 《납달리의 성서》Testament of Naphtali도 소돔에 대해 그와 같은 판결을 내리고 있다. "해와 별이 그 질서를 바꾸지 않는 것처럼 납달리 지파는 우상숭배의 무질서를 따르지 말고 하나님께 순종하라. 모든 피조물에서 그것을 만드신 주님을 알아보고, 자연의 질서를 바꾼 소돔처럼 되지 말지어다."[35]

바울도 로마서 1장에서 이와 같은 개념을 분명하게 염두에 두고 있다. 그가 여자들에 대해서 "순리대로natural 쓸 것을 바꾸어 역리로unnatural 쓰며"라고 하고 또한 남자들에 대해서 "순리대로 여인 쓰기를 버리고"라고 할 때의 "순리"nature, physis란(로마서 2장 14절, 27절 그리고 11장 24절에서처럼), 하나님이 세우신 사물의 자연스런 질서를 의미한다. 따라서 여기서 바울이 정죄하는 것은 보스웰의 주장처럼 자신의 본성에 거슬러 행동하는 '이성애자'들의 성도착 행위가 아니라[36], "자연", 즉 하나님의 창조 질서에 대립되는 모든 인간의 행동이다. 리처드 헤이즈Richard B. Hays는 보스웰이 로마서 1장을 주해해 놓은 것을 치밀하게 반박하는 글을 쓴 바 있다. 그는 '순리'와 '역리'의 대립적 표현이 "이성애 행위와 동성애 행위를 구분하는 의미로…… 매우 자주 사용되었다"[37]는 최근의 증거를 많이 보여 주고 있다.

    영국의 주석가들도 그의 결론을 확인해 준다. C. K. 바렛 C. K. Barrett이 말하듯, "바울이 언급하고 있는 외설적인 쾌락은 사람이 피조물을 창조주의 자리에 놓았을 때 생기게 되는 창조 질서의 분명한 왜곡이다."[38] 마찬가지로 찰스 크랜필드Charles Cranfield도 '순리'와 '역리'라는 표현을 "바울이 사용할 때 의미하는 바는 각각 '창조주의 의도에 부합하는 것'과 '창조주의 의도에 대립되는 것'이다"라고 쓰고 있다. 또한 "바울이 그 용어(*physis*)를 사용하는 용례의 결정적 요소는 그가 말하는 창조의 성경적 교리이다. 그 용어는 하나님의 창조에 나타나는 질서와, 인간이 그 질서를 깨닫고 존중하지 못하는 것에 대해 어떤 변명도 할 수 없음을 의미한다."[39]

창조 질서에 대한 호소는 오늘날 일부 사람들이 펴고 있는, 특히 영국 국교회 내에서 주장하고 있는 또 다른 논거에 대한 대답이기도 하다. 이들은 초대 교회가 우선적 문제와 부차적 문제를 구분했으며, 전자에 대해서는 일치를 주장했지만 후자에 대해서는 합의하지 않을 자유를 허락했다고 지적한다. 이들이 주로 인용하는 그리스도인의 자유에 관한 두 가지 예는 '할례'와 '우상에게 바친 고기'이다. 그들은 동성애 또한 그 두 가지 문제와 같은 선상에 놓으면서 동성애는 서로에게 자유를 허락하는 후자의 경우에 속한 문제라고 주장한다.

그러나 사실 초대 교회는 그들이 말하는 것보다 훨씬 더 치밀한 논증을 했다. 사도행전 15장에서 예루살렘 공의회는 할례가 분명 구원에 필요한 것(우선적 문제)은 아니지만 정책이나 문화의 문제(부차적 문제)로서 그것을 계속 허용할 것을 공포했다. 또한 공의회는 우상숭배는 당연히 금지된 것(우선적 문제)이지만, 우상에게 바친 고기를 먹는 것이 반드시 우상숭배를 하는 것은 아니므로 잘 교육받고 담대한 양심을 가진 그리스도인들은 그것을 먹을 수도 있다(부차적 문제)고 결정했다. 이처럼 그리스도인의 자유가 허락된 부차적 문제들은 신학적이거나 도덕적인 문제들이 아니라 문화적인 것이었다. 그러나 동성애 행위는 그렇지 않다.

동성애를 빗대는 또 다른 이슈가 있다. 여성 안수에 대한 논쟁이 한창일 때 영국 국교 대표 회의General Synod of the Church of

England는 교회가 이것은 옳고 저것은 틀렸다는 식으로 (찬성과 반대) 둘 중 하나를 선택하게 할 것이 아니라, 양쪽 모두가 타당하다고 인정함으로써 일치를 보존해야 한다고 합의했다. 그 결과 우리는 '두 가지 타당성'을 가지고 살게 되었다.

사람들은 동성애 관계에 대해서도 여성 안수 문제와 마찬가지로, '두 가지 타당성'을 인정함으로써 선택을 강요하지 않도록 하지 못할 이유가 무엇인가 하고 묻는다.

그 대답은 분명하다. 여성 안수의 문제는 (많은 사람들이 부인하기는 하지만) 부차적 문제이지만 동성애 관계는 그렇지가 않다는 사실이다. 결혼의 문제에서 성별은 사역에서의 성별보다 훨씬 더 근본적인 것이다. 결혼은 하나님의 창조와 제도 초기부터 이성애자의 결합으로 인정되었기 때문이다. 그것은 하나님이 의도하신 인간 사회의 기초이며 이에 대한 성경적 기초는 논쟁의 여지가 없다.

뮌헨 대학 신학 교수인 볼프하르트 판넨베르그 박사 Dr. Wolfhart Pannenberg는 이 문제를 공개적으로 이야기한다. 그는 "성경은 동성애 행위를 명백하게 거부해야 할 것으로 평가하고 있다"고 주장하면서, 동성애 결합을 결혼과 대등한 것으로 인정하는 교회는 "더 이상 하나의, 거룩한, 보편적, 사도적 교회가 아니다"라고 결론내리고 있다.[40]

관계의 질이라는 논거

레즈비언과 게이 크리스천 운동 단체는 세상에서 가장 위대한 것은 사랑이라고 하는(이는 사실이다) 성경의 진리와, 아울러 사랑이 모든 관계를 판단할 수 있는 적합한 기준이라는 1960년대의 "새로운 도덕" 혹은 "상황 윤리" 개념(이는 사실이 아니다)을 빌려 온다. 이 가운데 오늘날 후자의 관점이 점점 지지 기반을 얻어 가고 있다.

이 개념을 지지한 초기의 공식 문서 중 하나는 〈성에 대한 퀘이커 교도의 관점 정립을 위하여〉*Towards a Quaker View of Sex*, 1963년라는 프렌드 보고서다. 여기에는 "더 이상 왼손잡이에 대한 비난 이상으로 '동성애'를 비난해서는 안 된다"[41]고 하는 주장과, "관계의 성격과 질이 중요하다"[42]라는 주장이 들어 있다. 마찬가지로 1979년 사회적 책임을 위한 감리교 분과 Methodist Church's Division of Social Responsibility는 〈동성애에 대한 기독교적 이해〉*A Christian Understanding of Human Sexuality*라는 보고서에서 "동성애 행위는 본질적으로 틀린 것이 아니다"라고 주장한다. "모든 동성애 관계의 질은…… 이성애 관계에 적용되어 온 것과 똑같은 기본 범주에 의해 평가되어야 한다. 남성 및 여성 동성애자들이 가지는 사랑의 영구적 관계는 자신의 성을 표현하는 적절하고도 기독교적인 방식일 수 있다."[43] 또한 같은 해에 성공회 특별 조사 위원회는 〈동성애 관계 : 현재 논의에 대한 성공회의 입장〉*Homosexual Relationships : A Contribution to Discussion*이라고 하는 보고서를 발간했다. 이 보고서는 퀘이커 측이나 감리교의 보고서보다 더 신중하고 사려 깊으면서도 어느 한 쪽을 선뜻 내세우지 않고 있다. 보고서를 작성한 사람들은 수세기 동안 이어 온 기독교 전통을 쉽게 내던지지는 못했다. 그러면서도 어떤 경우에는 사람이 동반자 관계를 맺음으로써 성적 사랑을 나눌 대상을 찾는 일에서 결혼과 "비슷한" 동성애 관계를 "정당하게 선택"할 수도 있음을 "부인하기 어렵다고 생각한다"고 덧붙였다.[44]

《동의의 시간》 Time for Consent 에서 피텐저는 자신이 진정한 사랑의 관계에 나타나는 여섯 가지 특징이라고 생각하는 것을 다음과 같이 나열하고 있다.[45]

1. 헌신(상대방에게 마음껏 자기 자신을 주는 것)
2. 서로 주고받음(상대방 안에서 자기 자신을 발견하게 되는 나눔)
3. 부드러움(강압하거나 잔인하지 않음)
4. 신실성(평생 지속될 관계를 가지고자 함)
5. 기대함(상대방의 성숙을 위해 섬김)
6. 연합하고자 하는 욕구

두 남자 사이에서건 두 여자 사이에서건 동성애 관계가 위와 같은 사랑의 특성을 지니고 있다면 이는 선한 것으로 인정되어야지 악한 것이라고 거부해서는 안 된다는 게 그의 주장이다. 그러한 관계는 외로움, 이기심 그리고 난잡한 성관계로부터 사람을 구해 주기 때문이라는 것이다. 이러한 동성애 관계는 이성애 결혼만큼이나 풍성하고, 서로를 책임질 줄 알며, 자유를 경험하게 해 주고 충족시켜 줄 수 있다는 것이다.

좀더 근래의 일로 1997년 봄 런던의 세인트 마틴 인 더 필즈 교회St. Martin-in-the-Fields에서 행한 강연에서 존 오스틴 베이커John Austin Baker 주교는 이 논쟁에 대한 자신의 견해를 밝혔다. 솔즈버리의 주교였고 영국 국교 교리 위원회the Church of England's Doctrine Commission의 의장이었으며 〈인간의 성에 관한 이슈들〉Issues in Human Sexuality, 1991년이라는 온건한 보고서를 발간한 단체의 회장이었던 베이커 주교는 근래에 달라진 견해로 교회를 놀라게 했다. 그는 기독교 제자도의 목표는 "그리스도를 닮는 것", 즉 "예수님의 인간성이 지녔던 특징인 가치와 우선순위와 태도들(특히 사랑)을 창조적으로 실천에 옮기는 것"이라고 주장했는데, 그것은 옳은 말이다. 그런데 결혼에서의 성은 "사랑의 진정한 표현"일 수 있으며, "동성애 커플들의 삶에서도 에로틱한 사랑은 결혼과 마찬가지의 이로운 효과들을 가질 수 있으며 실제로 그런 경우가 종종 있다"고 그는 주장했다.

그러나 동성애 관계의 질에 대한 이러한 주장에 흠이 있을 수밖에 없는 이유가 세 가지 있다.

첫째, 동성애 관계에서는 평생 지속되는 결혼과 흡사한 정절이라는 개념이 신화인 경우가 많으며, 그것이 이론적 이상임을 입증하는 실제 사례들이 많이 있다. 남자 동성애 관계는 사실 정절보다는 문란함의 특징을 가지고 있다. 이에 대한 몇 가지 연구가 이루어졌는데, 제프리 사티노버 박사Dr. Jeffrey Satinover는 "가장 안정적인 관계를 누리는 동성애 커플에 대해서 가장 성의 있게 조사한 연구 가운데 하나는, 자신들이 서로 동성애 커플인 두 저자가 조사하고 집필한 것이다"라고 쓰고 있다. 그들 두 저자가 발견한 것은 "연구 조사한 156쌍 중에서 단 7쌍만이 성적 정절을 지키고 있었으며, 5년 이상 함께 산 100쌍 가운데서 성적 정절을 지킨 경우는 단 한 쌍도 없다는 것"이었다. 그들은 또한 "동성애 남성 커플들은 바람피우는 것을 당연시했으며 이성애자들은 그것을 예외로 생각했다"고 덧붙였다.[46]

이 연구 결과를 본 토마스 슈미트는 "동성애 남자들의 문란한 관계는 단순히 전형적인 것이거나 단순히 다수의 경험이 아니라 그것은 사실상 그들의 **유일한** 경험이다. ……간략하게 말해서 정절이나 지속성 모든 면에서 동성애는 이성애의 결혼과 결코 비교할 수 없다"[47]고 했다. 동성애 관계에는 본질적으로 불안정한 무엇이 있는 것 같다. 따라서 관계의 질이라는 논거는 이치에 맞지 않는다.

둘째, 게이들의 일반적인 성행위에 따른 결과로 알려진 피해와 위험에 비추어 볼 때 동성애 관계가 이성애 결혼과 동일하게 사랑을 표현하는 방식이라고 주장하기는 어렵다. 사티노버 박사는 가장 최근에 이루어진 의학 연구에 기초하여 "동성애의 불운한 결과에 대한 가감 없는 진실"을 용기 있게 제시했는데, 간암에 걸릴 확률을 높이는 전염성 간염, 사망률이 높은 직장암,

25년에서 30년 정도의 수명 단축 등을 열거했다.[48] 토마스 슈미트는 좀더 구체적으로, 구강 성교 oral sex 혹은 항문 성교 anal sex를 통해서 전염되는 일곱 가지 비非바이러스성 감염과 네 가지 바이러스성 감염을 열거한다. 어떤 질병들은 이성애자들이 하는 비슷한 행위를 통해서 전염이 되기도 한다. 그러나 "이 질병들은 동성애자들 사이에서 많이 나타나는데, 그 이유는 그들이 문란한 관계를 가지며 동성애자들이 선호하는 행위를 통해서 쉽게 퍼지기 때문이다." 이러한 질병들은 곧 다루게 될 에이즈는 제외한 경우다. 슈미트 박사는 이런 내용을 다룬 장의 제목을 "사랑의 대가"라고 붙였는데, 이는 적절한 제목이다.[49] 일반적인 게이의 성관계에 이러한 신체적 위험이 따른다면 진정으로 서로 사랑하는 사람들끼리 이러한 행동을 할 수 있겠는가?

그러나 셋째, 이 주장이 근거로 삼고 있는 기본 전제 자체를 성경적 그리스도인은 받아들일 수가 없다. 그 전제란, 사랑만이 유일하게 절대적이고, 그 외의 다른 모든 도덕법은 폐기되었으며, 사랑과 양립할 수만 있다면 다른 모든 고려 사항과 무관하게 무엇이든 사실상 선하다는 논리다. 그러나 이것은 사실이 아니다. 사랑은 그것을 인도할 율법이 필요하기 때문이다. 하나님에 대한 사랑과 이웃에 대한 사랑을 두 가지 위대한 계명으로 강조하실 때 예수님과 사도들은 다른 모든 계명을 버리지 않았다. 오히려 예수님은 "너희가 나를 사랑하면 나의 계명을 지키리라" 요한복음 14:15고 말씀하셨고, 바울은 "사랑은 율법을 [폐기하는 것이 아니라] 성취하는 것"로마서 13:8, NRSV이라고 했다.

그렇다면, 관계에서 사랑의 질이 핵심이기는 하지만 그 자체로는 관계의 정당성을 인증하는 충분한 준거가 되지 못한다는 말이 된다. 예를 들어, 오직 사랑만이 관계의 진실성을 시험하는 것이라면, 일부다처제도 아무런 문제가 되지 않는다. 왜냐하면 여러 명의 아내를 둔 남자가 각각의 아내와, 피텐저가 말하는 여섯 개의 특징을 모두 가지는 관계를 즐길 수 있기 때문이다.

좀더 실제적인 예를 들어 보자. 내가 목회를 하면서 경험한 일이다. 결혼한 어떤 남자가 나에게 찾아와 자신이 다른 여성과 사랑에 빠졌다고 말을 한 경우가 몇 번 있었다. 내가 부드럽게 그 사람에게 충고하면 그는 이렇게 대꾸했다. "맞아요, 동의합니다. 저에게는 이미 아내와 가족이 있지요. 하지만 이번 만남은 진짜예요. 이건 정말 운명적인 만남이에요. 우리의 사랑에는 질적으로 전혀 다른 차원의 깊이가 있어요. 이런 관계는 정말 정당하다고 밖에는 말할 수가 없어요." 하지만 나는 그에게 그렇지 않다고, 그것은 옳지 않다고 말해야 했다. 그 어떤 남자도 다른 여성에 대한 사랑이 질적으로 더 풍성하다는 사실을 근거로 자기 아내와의 결혼 언약을 깰 수는 없다.

마찬가지로, 우리는 동성애 관계가 (비록 선험적으로 말해 그들이 하나님이 정하신 이성애 관계가 주는 상호보완의 풍성함을 얻을 수는 없지만) 서로 사랑하는 관계가 될 수 있다는 사실을 부정해서도 안 된다. 1994년 램지 콜로키움Ramsey Colloquium 선언문에서 말하듯, "심지어 왜곡된 사랑도 사랑의 위대함의 흔적을 지니고 있다."[50] 그러나 게이 관계의 사랑의 질은 그 관계를 정당화할 만큼 충분하지가 않다. 실로, 나는 그 관계가 하나님의 율법과 양립할 수 없기 때문에 진정한 사랑과 양립할 수 없다고 덧붙일 수밖에 없다. 사랑은 사랑하는 자가 가장 잘 되는 데에 관심을 가진다. 그런데 인간이 가장 잘 되는 길은 하나님의 법과 목적에 순종하는 것이지 반항하는 것이 아니다.

레즈비언과 게이 크리스천 운동 단체의 일부 지도자들은 자기 자신의 입장에서 나오는 논리를 따르는 것 같다. 이들이 말하는 바는 심지어 '사랑'을 위해 일부일처제도 저버릴 수 있다는 것이기 때문이다. 예를 들어, 말콤 메이코트Malcolm Macourt는 게이 해방주의자의 비전은 "사회에서 동등하게 존경받는 다양한 생활양식"이라고 쓴 바 있다. 그는 그런 생활양식 가운데는 다음의 예들이 있다고 제시한다. 일부일처제와 여러 명의 파트너를 두는 경우, 평생 지속되는 관계와 서로가 성장할 수 있는 기간 동안만 유지되는 관계, 동성애 관계와 이성애 관계, 공동체로 사는 것과 소가족 단위로 사는 것.[51] 일부 사람들이 사랑의 이름으로 정당화하고 싶어 하는 것에는 한계가 없는 듯하다.

정의와 인권이라는 논거

동성애 동반자 관계를 사랑에 기초해서 주장하는 사람들이 있다면, 어떤 사람들은 정의에 기초해서 그 정당성을 주장한다. 예를 들어, 케이프 타운의 대주교였고 인종차별정책에 대항하며 인종간의 평등을 용감하게 주장함으로써 세계적인 존경을 받는 데즈먼드 투투Desmond Tutu는 자신에게 동성애 문제는 단순히 정의의 문제일 뿐이라고 여러 번 말했다. 다른 사람들도 그의 말에 동의하는데, 그의 정의의 논거란 이렇다. "우리가 성별, 피부색, 인종, 혹은 계급으로 사람을 차별해서는 안 되는 것처럼 성적 기호에 따라서 사람을 차별해서는 안 된다. 성경의 하나님은 정의의 하나님이시며, 성경에서 그리고 있는 하나님은 정의를 사랑하고 불의를 미워하시는 분이기 때문이다. 따라서 정의의 추구는 하나님의 백성에게 최고의 의무가 되어야 한다. 노예와 여성과 흑인이 해방이 된 오늘날 게이의 해방은 벌써 이뤄졌어야 마땅하다. 1950년대와 60년대의 민권운동가들이 오늘날의 게이 인권 운동가들이다. 우리는 그들의 대의를 지지하고 그들의 분투에 동참해야 한다."

그러나 억압, 해방, 권리, 정의 등의 단어는 조심스럽게 정의할 필요가 있다. '게이 해방'이라는 말은 동성애자들이 자유를 얻어야 하는 억압을 받고 있음을 전제하며, '게이 인권'은 동성애자들이 바로잡아야 할 어떤 문제로 고통 받고 있음을 암시한다. 하지만 이 억압, 이 부당함, 이 불의는 도대체 무엇이란 말인가? 이들이 자신들의 성적 성향 때문에 사회의 일부 그룹들로부터 멸시받고 거부당한다면, 그들이 사실상 동성애 공포증homophobia의 희생자라면, 그들의 불만은 정당하며 그것은 시정되어야 한다. 하나님은 이러한 차별을 반대하시며 모든 사람을 구별 없이 사랑하고 존중하라고 명하시기 때문이다. 반면에 그들이 불평하는 '부당함' 혹은 '불의'가 동성애 관계를 이성애 결혼과 동등하게 합법적인 양자택일 사항으로 인정해 주지 않는 것이라면, '정의'에 대한 논의는 부적절하다. 인간은 하나님이 주시지 않은 것을 '권리'로 주장할 수 없기 때문이다.

    동성애자를 노예, 흑인 그리고 여성 해방과 유비 관계로 보는 것은 정확하지 않으며 어폐가 있다. 이 모든 경우에 창조자의 원래 의도를 분명히 해야 한다. 노예제와 인종차별을 성경을 근거로 정당화하려는 잘못된 시도가 있으나, 이 두 가지 문제는 근본적으로 평등하게 창조된 인간의 모습과 양립할 수 없다. 마찬가지로 성경은 남자와 여자 모두가 하나님의 형상을 지니고 있고 이 세상의 청지기로서 사명이 있다고 주장함으로써 여성을 존중하고 있으며, 남성의 '머리됨'이나 책임에 대한 성경의 가르침을 이 평등과 대립되는 경우로 해석해서는 안 된다.

    그러나 성관계는, 성경의 명백한 가르침에 의하면 이성애 결혼 관계에서만 가능하다. 따라서 동성애 성관계는, 하나님이 주신 권리가 물론 아니려니와 이성애 결혼과 동등하게 허용될 수 없다. 진정한 게이 해방은 (다른 모든 진정한 해방과 마찬가지로) 우리 자신의 도덕을 세우기 위해 하나님이 계시한 목적으로부터 자유를 얻는 것이 아니라, 하나님을 사랑하고 순종하기 위해서 우리의 의지적 반항으로부터 자유를 얻는 것이다.

용납과 복음이라는 논거

"이성애자 그리스도인들은 동성애자 그리스도인들을 용납할 의무가 있는 것 아닌가? 바울은 우리에게 서로 용납하라, 서로 환대하라고 하지 않았는가? 우리가 누구라고 하나님이 환대하신 사람을 판단하겠는가?"로마서 14:1이하: 15:7라고 말하는 사람들이 있다. 피텐저는 더 나아가 동성애자들을 거부하는 이들을 "기독교 복음을 전혀 이해하지 못한 사람들"이라고 주장한다. 이어서 그는 우리가 하나님의 은혜를 받는 것은 우리가 선하고 죄를 고백해서가 아니라 그 반대라고 말한다. "언제나 하나님의 은혜가 **먼저** 온다. ……하나님의 용서가 우리의 회개를 일깨우는 것이다."52) 그는 심지어 〈있는 모습 그대로〉라는 찬송가를 인용하면서 "기독교 복음의 요지는 하나님이 우리를 있는 모습 그대로 사랑하고 받아 주신다는 사실이다"53)라고 덧붙인다.

그러나 이는 복음을 심하게 혼동한 것이다. 하나님은 물론 우리를 있는 모습 그대로 받아 주시며, 우리가 먼저 선해질 필요가 없다. 우리는 그렇게 할 수 없다. 그러나 하나님의 '용납'이란 회개하고 믿는 사람은 누구든지 완전히 그리고 기꺼이 용서한다는 뜻이지, 우리가 계속 죄를 짓는 것을 묵인한다는 뜻이 아니다. 또한 우리가 서로를 용납해야 하는 것은 사실이지만, 같은 회개자로서 그리고 동료 순례자로서 용납하는 것이지 계속해서 죄를 짓기로 결심한 죄인으로서 하는 것이 아니다.

마이클 베이시는 예수님이 "죄인들의 친구"로 불렸다는

(그리고 실제로 그랬다는) 사실을 강조한다. 우리와 같은 죄인들을 친구로 삼아 주신 것은 정말로 놀라운 일이다. 그러나 예수님은 우리를 구원하고 변화시키기 위해 환대하시지, 우리를 죄 가운데 내버려 두기 위해 그렇게 하시는 게 아니다. 하나님에 의해서든 교회에 의해서든, 하나님의 말씀과 뜻에 대항하여 마음을 굳게 하는 사람을 용납하겠다는 약속은 애초에 주어지지 않았다. 오직 심판이 있을 뿐.

5. 에이즈

그렇다면 에이즈는 동성애 행위를 하는 남자들에게 내리는 하나님의 심판인가? 이 점은 일부 복음주의 그리스도인들이 자신 있게 주장하는 바이며, 그래서 에이즈에 대한 장을 별도로 떼놓았다. 그러나 결론을 내리기 전에 먼저 기본적인 사실들을 알 필요가 있다.

에이즈AIDS; Acquired Immune Deficiency Syndrome, 후천성 면역 결핍증는 1981년 미국에서 처음으로 밝혀지고 설명된 질병이다. 이 질병은 HIVHuman Immunodeficiency Virus, 인체 면역 결핍 바이러스를 통해 전파되며, 감염된 후에도 십 년 또는 그 이상을 숙주인 인체 내에 잠복해 있거나 감지되지 않은 채 머물 수 있다. 그러나 최종적으로 대부분의 경우 이 바이러스는 인체의 면역계와 신경계를 공격하고 파괴하면서 모습을 드러내며, 몇몇 치명적 질병에 대해 인체를 무방비 상태로 만든다. 이 바이러스의 근원은 알려져 있지 않으나, 오래 전부터 아프리카의 원숭이들을 감염시킨 바이러스가 스스로 변이해서 발전했다는 것이 공인된 지식이다.

에이즈에 대한 신화

에이즈에 대한 신화는 많으며(특히 감염 경로나 그 정도에 대해), 이 문제는 해결될 필요가 있다.

첫째, 에이즈는 쉽게 감염되는 질병이 아니다. 이 바이러스는 오직 체액body fluids, 體液을 통해서만 감염되며, 특히 정액semen과 혈액blood을 통해 감염된다. 가장 흔하게 감염이 되는 경로는 이미 감염된 사람과 성관계를 가지거나, 감염된 피를 수혈하거나, 소독하지 않은 주사 바늘을 사용하는 경우다(그래서 마약 중독자들이 주사기를 같이 쓰는 것은 위험한 행위다). 그리고 임신부가 HIV에 감염된 경우 태아도 걸릴 위험이 크다.

둘째, 에이즈는 특별히 '게이들의 전염병'은 아니다. 1980년대 초에 이러한 부정확한 명칭을 얻게 된 이유는, 샌프란시스코와 뉴욕에 있는 동성애 집단에서 처음 발병한 탓이다. 그러나 이 바이러스는 동성애 성관계뿐 아니라 이성애 관계에서도 감염이 된다(동성애 행위가 거의 알려지지 않은 아프리카에서는 특히 더 그렇다). 그리고 에이즈에 걸린 사람들 가운데는 남자들뿐 아니라 여자들과 아기들도 많이 있다. 이 질병을 가장 빠르게 확산시키는 것은 문란한 성관계다. 그 대상이 동성의 파트너건 이성의 파트너건 거의 무관하다. "(성관계를 가지는 사람의) 숫자가 많을수록 위험도 크다"고 ACET_{AIDS Care Education and Training}의 설립자 패트릭 딕슨_{Patrick Dixon}은 말한다. 그가 꼼꼼하게 조사하고 연민을 담아서 쓴 책 《에이즈에 관한 진실》_{The Truth about AIDS}을 읽어 보기를 권한다.[54]

셋째, 에이즈는 특별히 서구에 두드러진 현상이 아니다. 필요한 자원을 갖춘 미국과 유럽의 병원들이 처음 그 질병을 진단했기 때문에 80년대 초반에는 그런 것 같아 보였다. 그러나 갈수록 전 세계적인 질병이 되어가고 있다. 동부와 중앙아프리카에서는 거의 역병 수준에 달했다.

넷째, 에이즈는 쉽게 해결될 수 있는 문제가 아니다. 이것은 당분간은 예방 백신이나 치료약도 없는 치료 불가능한 병이다. AZT라고 알려져 있는 약은 에이즈에 걸린 환자의 생명을 일 년 정도 연장하고 고통을 완화할 수는 있지만, 부작용이 심하며 임시방편일 뿐 치료약은 아니다.

한편, 에이즈 환자의 통계 수치는 놀라우리만치 빠른 속도로 증가하고 있다. 미국 정신의학 협회지_{the American Psychiatric Association Press}는 "모든 20세 게이 남성의 30퍼센트가 30세에 이를 때쯤이면 HIV에 감염되었거나 에이즈로 사망해 있을 것이다"[55]라고 보고하고 있다. 1996년에만 전 세계적으로 약 310만 명의 새로운 HIV 감염자가 나타났다. 사하라 사막 이남의 아프리카에서는 1,400만 명이 HIV나 에이즈에 감염된 채 살고 있다. 동아프리카 일부 지역에는 산전 진료소에 다니는 여성의 10퍼센트가 HIV에 감염되어 있고, 어떤 진료소는 40퍼센트 이상이라고 보고하고 있다. 케냐, 르완다, 우간다, 잠비아의 100만 명이 넘는 어린이들이 부모를 에이즈로 잃고 고아가 되었으며, 이들 중 약 8퍼센트가 감염이 되어 있다. 에이즈는 또한 인도 일부 지역에서 무서운 속도로 확산되고 있다. 약 10퍼센트의 트럭 운전수가 감염되어 있는 가운데, 도심을 지나서 시골에까지 확산되고 있다. 1993년 약 1만 명이 HIV에 감염된 것으로 추산된 중국의 경우, 1995년에는 10만 명까지 증가했다. 그러나 가장 심각한 수치는 1997년 유엔과 세계보건기구WHO가 공동으로 발표한 보고서에서 나왔다. 보고서는 이 전 지구적 역병의 수치가 "심각하게 과소평가 되었다"고 고백하면서, HIV나 에이즈를 안고 살아가는 사람의 전체 숫자가 발표 당시 3천만 명 이상이며 2천 년에는 4천만 명에 달할 것으로 추정했다.[56]

다섯째, 에이즈는 단지 콘돔 사용만으로는 피할 수가 없다. 콘돔은 실패할 확률이 높은 피임법이다. 딕슨 박사는 이에 대해 다음과 같이 간략하게 요약하고 있다. "콘돔은 섹스를 안전하게 해 주는 것이 아니라 상대적으로 안전할 뿐이다. 안전한 섹스는 감염되지 않은 파트너끼리의 섹스다! 이 말은 처녀 총각이었고 지금은 서로에게 평생 정절을 지키는 두 사람 사이에서 일평생 지속되는 신실한 동반자 관계만이 안전한 섹스임을 뜻한다."⁵⁷⁾ 또한 전미 가톨릭 회의_{United States Catholic Conference}의 말을 인용하자면, "결혼 외의 관계에서는 금욕하고 결혼 내의 관계에서는 정절을 지키는 것, 그리고 주사기로 주입하는 마약 남용을 피하는 것이 에이즈의 확산을 막는, 도덕적으로 올바르고도 의학적으로 확실한 유일한 방법이다."⁵⁸⁾

기독교의 대응

정신이 번쩍 들게 하는 이 같은 사실과 통계에 대해 기독교가 할 수 있는 대응을 세 가지로 정리하는 것이 적당할 듯하다.

첫째, **신학적인** 대응이다. 에이즈가 동성애 행위를 하는 남자들에게 내려진 하나님의 심판이냐 아니냐 하는 문제로 돌아가 보자면, 나는 그렇다와 아니다 둘 다 답이 되어야 한다고 생각한다. 그렇지 않은 이유는 예수님이 재난을 악한 사람들에 대한 하나님의 특정한 심판으로 해석하지 말라고 경고하셨기 때문이다 누가복음 13:1-5. 그렇게 생각하지 말아야 할 또 한 가지 이유는 에이즈의 희생자 중에는 여성들도 많이 있다는 점인데, 특히 정절을 지킨 기혼 여성들이 부정한 남편을 통해서 감염이 된 경우도 있으며, 순진한 혈우병 환자나 어린 아이도 에이즈에 걸린 경우가 제법 많기 때문이다.

그러나 바울이 "스스로 속이지 말라 하나님은 업신여김을 받지 아니하시나니 사람이 무엇으로 심든지 그대로 거두리라" 갈라디아서 6:7라고 했을 때 의도한 바의 의미에서는, 그렇다고 할 수 있다. 우리가 심은 대로 거둔다는 사실, 혹은 악한 행동은 악한 결과를 낳는다는 사실은 하나님이 만드신 도덕적 세계에 새겨 두신 질서인 것 같다. 그리스도인들은 사람이 문란한 성관계를 가지면 성병에 걸릴 위험이 크다거나, 담배를 많이 피우면 폐암에 걸릴 수 있다거나, 과음을 하면 간 질환이 생긴다거나, (직접적이든 간접적이든) 과식을 하면 심장에 무리가 갈 수 있다는 사실을 우연한 일로 받아들일 수가 없다. 나아가서 성경은 이러한 인과의 법칙을 하나님의 '진노', 즉 악에 대한 하나님의 공정한 심판이 나타나는 방식 가운데 하나로 보고 있다로마서 1:18-32. 심판의 날이 오기 전에 이미 심판의 과정이 일어나고 있다고 예수님은 가르치신 바 있다요한복음 3:18-21; 5:24-29. 그렇다면 에이즈를 "사회에 대한 하나님의 심판의 일부"로 보는 시각은 타당하다. "이러한 심판은, 문란한 성관계에 성 해방 같은 무언가가 있다고 말하는 자유방임적인 사회를 향해 계속 허풍을 떨어 보라고 하는 도전이다."59)

두 번째 기독교적 대응은 **목회적인** 것이어야 한다. 우리는 많은 사람들이 문란한 성관계의 결과로 에이즈에 걸렸다는 사실을 부인하지 않는다. 그러나 그렇다고 해서 그들을 멀리하거나 거부하는 것은 정당하지 않다. 우리는 음주 운전이나 또 다른 형태의 무모함으로 스스로를 망치는 사람들을 그렇게 대하지는 않는다. 미국의 가톨릭 주교들이 말했듯이 "에이즈에 걸린 사람들의 이야기를 기회 삼아서 그들을 고정적인 틀에 넣거나 편견을 가지고 보거나, 분노하거나 서로 비난하거나 거부하거나 고립시키거나 부당하게 대하거나 정죄하는 일이 있어서는 안 된다." 오히려 "그들은 우리에게 고난 받는 자들과 함께할 기회, 두려워할 수도 있는 사람들에 대해 연민을 가질 기회, 죽음의 가능성을 대면하는 그들과 그들을 사랑하는 사람들에게 힘과 용기를 줄 수 있는 기회를 준다."[60]

제롬이라는 한 미국인 에이즈 환자는 말했다. "나를 판단하지 말라. 나 자신에 대한 심판은 이미 스스로 내렸다. 내게 필요한 것은 당신이 내 곁에 있어 주는 것이다."[61]

특별히 지역 교회가 자기 교회 내에 그리고 좀더 넓게는 교회가 속한 지역 사회 내에 있는 에이즈 환자들에게 다가가야 한다. 1982년 영국에서 최초로 에이즈로 죽은 사람의 이름을 따서 생긴 테렌스 히긴스 재단 Terence Higgins Trust에서는 높은 수준의 상담과 간병 교육을 하고 있으며, 특히 자신들이 개척한 자원 봉사자들의 '버디'buddy, 친구·동료 등의 의미 외에도 '에이즈 환자를 돕는 사람'을 뜻하기도 함 서비스를 통해서 그 일을 하고 있다.[62] 또한 호스피스 운동과 그 운동이 말기 암 환자에서 에이즈 환자에게까지 간병의 대상을 확장한 데에는 그리스도인들의 움직임이 컸다는 사실은 감사할 일이다.[63]

세 번째 대응은 **교육적인** 것이어야 한다. 어떤 이들은 에이즈의 위기를 교육이라는 방식으로 대응하는 것은 매우 부적절하다고 경멸하면서, 대신에 모든 바이러스 감염자를 의무적으로 격리해야 한다고 주장한다. 그러나 그리스도인의 양심은 이러한 무자비한 조처 앞에서 주춤하게 된다. 비록 그것이 민주적으로는 용납되고 성공적으로 실행될 수 있다 하더라도 말이다. 정기 검진을 의무적으로 받게 해야 한다고 주장하는 사람들도 있으며, 이에 대한 찬반 논쟁이 데이비드 쿡 박사Dr. David Cook의 〈오직 건강〉Just Health이라는 제목의 1989년 런던 강연London Lectures에 잘 정리되어 있다.[64]

그러나 그리스도인들은 무지, 편견, 두려움 그리고 문란한 태도와 싸우고 에이즈의 확산 추세를 되돌리는 가장 인간적이고 기독교적인 방법으로는 철저한 교육 프로그램이 가장 좋다고 생각할 것이다. 이 질병의 확산을 부추기는 오늘날의 자기만족과 무관심은 인정사정 봐 주지 않는 구체적 사실의 힘으로만 극복될 수 있다. 딕슨 박사는 〈정부를 위한 10단계 계획〉이라는 글에서 국내의 모든 학교와 대학, 공장, 가게, 클럽과 술집을 방문하고 사람들을 만나도록 "건강 교육 담당자들 한 부대를 내보내라"고 정부에 촉구하고 있다. 그와 같은 예방 교육 프로그램에서 교회가 주된 역할을 해야 한다. 현재의 위기는 결국 그 무엇보다도 교회가 성도덕에 대한 하나님의 기준을 가르치고 모범으로 보여 주지 못한 탓 아닌가?[65] 우리는 다시 실패해서는 안 되며, 오히려 사회가 성적인 자제력을 행사하고 신실해야 함을 도전하고, 용서와 권능의 원천으로서 예수 그리스도를 제시해야 한다. 교회의 책임을 일깨우고, 교육 자료들을 제공해 주고, 지지 그룹들

이 생겨나게 하기 위해 몇몇 기독교 단체들이 세워졌다.[66]

     무엇보다도 "에이즈의 위기는, 우리를 행위와 진리 모든 면에서 진정한 교회, 곧 **치유하는 공동체로서의 교회가 되도록** 큰 도전을 안겨 주고 있다." 참으로, 우리는 자기의 self-righteousness에 빠지는 경향이 있기 때문에 "치유 공동체 자체가 그리스도의 용서로 치유될 필요가 있다."[67]

6. 믿음, 소망, 사랑

 성경 전체의 계시에 비추어 동성애 행위를 수용 가능한 폭넓은 정상성의 범주에 속하는 다양한 형태 중 하나가 아니라 하나님의 규범에서 벗어나는 것으로 봐야 한다면, 따라서 동성애 성향을 가진 이들에게 동성애 행위와 동성애 관계의 중단을 요청해야 한다면, 우리는 그들이 이러한 요청을 받아들이도록 격려하기 위해 어떤 조언과 도움을 줄 수 있을까? 나는 바울이 제시한 믿음, 소망, 사랑이라는 삼각대를 동성애 성향을 가진 이들에게 적용하고 싶다.

믿음이라는 부르심

 믿음은 하나님의 계시에 대한 인간의 반응이다. 그것은 하나님의 말씀을 믿는 일이다.

첫째, **믿음은 하나님의 기준을 받아들이는 것이다.** 이성애 결혼이 아니라면 독신과 금욕밖에는 다른 대안이 없다. 나는 이 말이 어떤 함의를 가지는지 안다고 생각한다. 동성애자의 독신생활이 얼마나 고통스러운지를, 알렉스 데이빗슨Alex Davidson의 감동적인 책 《사랑의 보답》The Returns of Love만큼 잘 이해하게 도와준 것은 없었다. 그는 "율법과 탐욕 간의 이 끊임없는 긴장", "저 깊은 곳에 웅크리고 있는 괴물", "불타는 고뇌"에 대해서 기록하고 있다.[68]

세속적인 세상은 이렇게 말한다. "성은 인간이 충족을 누리는 데에 핵심적인 것이다. 동성애자들에게 동성애 행위를 하지 말라는 것은 그들을 좌절 속에 머물도록 정죄하는 것이며, 그들을 신경증, 절망, 심지어 자살로까지 내모는 일이다. 그들에게 정상적이고 자연스러운 성적 표현을 스스로 부인하라고 요구하는 것은 말도 안 되는 일이다. 그것은 '비인간적이며 비인도적인 일'[69]이다. 정말로 그것은 잔인한 짓이다."

아니다. 하나님의 말씀이 가르치는 바는 그런 것이 아니다. 성 경험은 인간이 충족을 누리는 핵심이 아니다. 물론 그것은 하나님의 좋은 선물이다. 그러나 그것은 모든 사람에게 주어지지 않았으며, 인간됨에 꼭 필요한 것도 아니다. 물론 바울 시대의 사람들은 그렇다고 생각했다. 그들의 표어는 "배를 위한 음식, 음식을 위한 배. 몸을 위한 성, 성을 위한 몸"고린도전서 6:13 참조이었다. 그러나 이것은 사탄의 거짓말이다. 예수 그리스도는 독신이셨지만 그분의 인간성은 완벽했다. 따라서 독신이면서 동시에 인간이 되는 것은 가능한 일이다! 게다가 하나님의 명령은 선한 것이지 근심하게 하는 것이 아니다. 그리스도의 멍에는 쉼을 주지 혼란을 주지 않는다. 갈등은 그것을 거부하는 사람들에게만 생긴다.

기독교 제자도의 핵심은 예수 그리스도의 죽음과 부활에 동참하는 데 있다. 영국 복음주의 교회 협의회the Church of England Evagelical Council가 발표한 동성애 논쟁에 대한 〈성 앤드루의 날 선언문〉1995년은 바로 이 점을 강조하고 있다. 우리는 "십자가의 길을 가도록 부름 받았다." 그것은 "우리 모두가 다양한 형태의 자기 부인을 하도록 명령을 받았기 때문이다. 왜곡된 욕망, 혹은 길을 잘못 든 순진한 욕망과의 싸움은 모든 그리스도인의 삶의 일부이며, 그 삶은 세례를 받을 때 의식적으로 받아들인 삶이다." 그러나 싸움 후에는 승리가 찾아온다. 죽음에서 부활이 나온다.[70]

따라서 궁극적으로 이 문제는 믿음의 위기다. 우리는 무엇을 믿을 것인가? 하나님인가, 아니면 세상인가? 예수 그리스도의 주되심에 굴복할 것인가, 아니면 지배 문화의 압력에 굴복할 것인가? 그리스도인의 진정한 '성향'은 날 때부터 어떠했느냐(호르몬)가 아니라, 우리가 무엇을 선택하느냐(마음·생각·의지)에 달려 있다.

둘째, 믿음은 하나님의 은혜를 받아들이는 것이다. 하나님이 만약 우리를 독신으로 부르신다면, 금욕은 선할 뿐 아니라 가능하기도 한 것이다. 그러나 많은 사람들이 이 사실을 부인한다. "우리의 성욕이 얼마나 강력한지 알잖아요. 우리 자신을 다스리라는 것은 말도 안 되는 소리예요"라고 사람들은 말한다. 피텐저는 그것은 "불가능에 가까운 일이어서, 이야기할 가치도 없다"[71]라고 말한다.

정말로 그러한가? 그렇다면 남자 창기와 동성애를 행하는 사람들은 하나님 나라를 유업으로 받지 못할 것이라고 경고한 바울의 말을 어떻게 이해해야 한단 말인가? 그는 "너희 중에 이와 같은 자들이 있더니 주 예수 그리스도의 이름과 우리 하나님의 성령 안에서 씻음과 거룩함과 의롭다 하심을 받았느니라"고린도전서 6:11고 말한다.

그리고 독신으로 사는 수백만 명의 이성애자들에게는 무엇이라고 말할 것인가? 독신으로 사는 모든 사람은 개인적 분투와 외로움의 고통을 경험한다. 하지만 어떻게 스스로를 그리스도인이라고 하면서 정숙함chastity은 가능하지 않다고 선언할 수 있단 말인가? 성에 대한 현대 사회의 집착 때문에 정숙함을 지키는 일이 더 힘들게 되었다. 또한 세상의 그럴듯한 주장에 귀 기울이거나, 자기 연민에 빠지거나, 포르노 같은 것으로 상상력을 채워서 그리스도의 주되심을 받아들이지 않는 환상의 세계 속에 살거나, 눈을 뽑아내고 손과 발을 자르라는, 즉 유혹에 대해 무자비할 정도로 단호하게 대처하라는 주님의 명령을 무시한다면,

정숙함은 더욱 감당하기 힘겨운 일이 될 것이다. 그러나 우리가 가진 '육체의 가시'가 무엇이든, 그리스도는 바울에게 다가갔던 것처럼 우리에게 오셔서 "내 은혜가 네게 족하도다. 이는 내 능력이 약한 데서 온전하여짐이라" 고린도후서 12:9고 말씀하신다. 이것을 부인하는 일은 그리스도인을 세상과 육신과 마귀의 무기력한 희생자로 그리는 일이며, 그들을 인간 이하의 존재로 취급하는 일이며, 하나님의 은혜의 복음을 반박하는 일이다.

소망이라는 부르심

지금까지 동성애자들을 위한 '치유'에 대해서는 한 마디도 하지 않았다. 자제self-mastery가 아니라 성적 성향의 뒤바꿈으로서의 치유 말이다. 이 일의 가능 여부는 동성애 성향의 원인이나 기원에 대한 우리의 이해에 따라 많이 다를 것이며, 아직 이에 대한 궁극적인 합의는 이뤄지지 않고 있다.

많은 연구들이 수행되었지만, 유전된 경우이건 습득된 경우이건 동성애의 단일 원인을 찾는 데는 실패했다. 따라서 학자들은 복합적인 원인이라는 이론으로 기우는 추세이며, 따라서 (유전자나 호르몬에 의한) 생물학적인 성향과 문화적·도덕적 영향, 어린 시절의 환경과 경험, 개인의 반복된 선택으로 인한 강화 등의 조합으로 그 원인을 분석하고 있다. 사티노버 박사는 상식에 호소하는 것으로 자기 연구의 결론을 내리고 있다. "사람의 성품은 타고나기도 하지만 경험과 선택에 의해 변화되기도 한다."[72] 그렇다면, 동성애가 적어도 부분적으로나마 습득된 것이라면, 그 습관을 버릴 수도 있단 말인가?

동성애의 원인에 대한 견해가 다르듯이, '치료'의 가능성과 방법에 대한 견해도 다르다. 이 이슈에 대한 사람들의 견해는 세 가지 범주로 나눌 수가 있는데, 치유가 필요 없다고 하는 사람, 치유가 가능하다고 보는 사람, 그리고 치유가 불가능하다고 보는 사람으로 구분할 수 있다.

첫째, 많은 동성애자들은 '치료' 혹은 '치유'라는 말을 단호하게 거부한다는 사실을 알아야 한다. 이들은 변화의 필요를 느끼지 못하며 변화하고 싶어 하지도 않는다. 이들의 입장은 세 가지 확신으로 요약될 수 있다. 생물학적으로 동성애는 타고나는 것이고(유전된 것이기 때문이다), 심리학적으로 뒤집을 수 없는 것이며 사회학적으로 정상이다.[73] 이들은 1973년에 미국 정신분석학 협회의 이사들이 동성애를 정신적 질환의 공식 목록에서 빼버린 일을 위대한 승리로 보고 있다. 마이클 베이시는 이 결정이 무슨 '자유주의적' 음모의 결과가 아니라고 주장한다.[74] 그러나 이는 사실이 아니다. 70년간의 정신분석학적 견해가 과학이 아니라(아무런 새로운 증거도 제시된 바 없기 때문에) 정치에 의해 내동댕이쳐진 것이다.[75] 적어도 로마 가톨릭 교회는 이러한 현상을 반기지도 또 그에 설득되지도 않았다. 1986년의 〈목회 서신〉에서 미국의 주교들은 동성애를 여전히 "본질적으로 왜곡된" 것으로 보았다(3항).

둘째, 성적 성향을 바꾼다는 의미로서의 '치유'를 불가능하다고 보는 사람들이 있다. "치료든 처벌이든 동성애 행위를 하는 수많은 성인들의 수를 실질적으로 줄일 수 있다는 희망을 가지게 하는 방법은 알려진 바 없다"고 웨스트D. J. West는 말한다. 따라서 "사회에서 그들이 차지할 수 있는 자리를 만들어 주는 것이 더 현실적"일 것이라고 말한다. 그는 동성애 행위를 '격려'해달라고 할 순 없지만 '관용'을 보여 줄 것을 호소하고 있다.[76]

하지만 이러한 관점들은 세속적인 지성의 자포자기식 견해가 아닐까? 그리하여 셋째, 적어도 어느 정도의 변화는 가능하다고 보는 사람들이 있다. 그리스도인들은 동성애 성향이 하나님의 규범에서 벗어난 것이기 때문에 창조 질서의 표시가 아니라 타락의 무질서를 보여 주는 것임을 안다. 그렇다면 어떻게 그것을 묵인하거나 치료가 불가능하다고 선언할 수 있단 말인가? 그럴 수는 없다. 문제는 언제, 어떻게 하나님의 구원과 회복이 일어나리라고 기대해야 하는가 밖에 없다. 그러나 사실 그리스도인들이 중생을 통해서든 아니면 중생 이후 성령의 사역을 통해서든 동성애의 '치유'가 일어났다는 주장을 하는 경우들이 있지만, 이를 입증하기란 쉽지가 않다.[77]

회심하기 전 게이로 살았던 마틴 할렛Martin Hallett은 자기 경험을 매우 솔직하게 글로 썼는데, 그 경험을 그는 "동성애에서 벗어난 그리스도의 길"이라고 부른다. 그는 자신이 여전히 연약하며, 안전장치가 필요하고, 사랑을 갈망하며, 간혹 정서적 혼란에 빠진다고 솔직하게 썼다. 나는 그가 자전적 수기 초고를 《나는 사랑하는 법을 배우는 중이다》I Am Learning to Love로 현재 시제로 쓰고 있고, 부제를 "그리스도 안에서 온전함에 이르는 개인적 여정"A Personal Journey to Wholeness in Christ이라고 붙인 점이 마음에 든다. 그의 마지막 문단은 이렇게 시작된다. "나는 하나님과 다른 사람들과 나 자신을 사랑하는 법을 배웠고, 배우고 있으며, 배워 갈 것이다. 이 치유의 과정은 내가 예수님과 함께 있게 되는 그날에 가서야만 완성이 될 것이다."[78]

진정한 자유 재단True Freedom Trust은 《증언들》Testimonies이라고 하는 소책자를 출간했다. 여기에는 동성애자 그리스도인 남녀들이 그리스도께서 자신에게 하신 일을 증언하는 글들이 실려 있다. 이들은 그리스도 안에서 새로운 정체성을 찾았고 하나님의 자녀로서 새로운 차원의 개인적 충만을 경험했다. 이들은 하나님의 용서와 용납을 통해서 죄책과 수치 그리고 두려움으로부터 구원을 받았으며, 성령의 능력 안에 거함으로써 이전에 노예처럼 매여 살던 동성애 생활양식에서 벗어났다. 그러나 이들이 동성애 성향으로부터도 구원을 받은 것은 아니며, 따라서 이들이 누리는 새로운 기쁨과 평화 가운데서도 일부 내면의 고통은 계속된다.

다음은 그 소책자에 나오는 두 가지 사례다. "나의 기도는 내가 기대했던 방식으로 응답이 되지는 않았지만, 주께서는 나에게 나를 있는 그대로 사랑으로 받아 준 두 명의 그리스도인 친구를 얻는 큰 복을 내려 주셨다." "손을 얹고 기도를 받자 성도착의 영이 나를 떠났다. 그날 오후 내가 받은 구원에 대해 하나님을 찬양한다. ……3년이 넘게 동성애 행위를 하지 않았다고 나는 증언할 수 있다. 물론 그렇다고 해서 그 기간 동안에 내가 이성애자로 변한 것은 아니다."

이와 비슷한 증언들이 미국에서 게이였던 사람들을 대상으로 하는 사역의 사례에서도 나오고 있다. 이들 중 200개가 넘는 사역 단체가 국제 출애굽Exodus International이라고 하는 연합 단체에 속해 있다.79) 팀 스태포드Tim Stafford는 1989년 〈크리스챠니티 투데이〉Christianity Today에서 자신이 이들 몇몇 단체를 조사한 내용을 기고했다. 그의 결론은 '조심스러운 낙관주의'로, 게이였던 사람들은 "자신의 성적 욕망이 180도로 금방 바뀌는 것이 아니라" 오히려 "하나님과의 관계 속에서 자신을 남자 혹은 여자로 이해하게 되면서 서서히 바뀐다"고 주장했다. 그리고 이러한 새로운 자기 이해는 그들을 "왜곡된 사고와 관계 맺기 방식에서 벗어나게 도와주었다. 이들은 자신을 과정 중에 있는 사람으로 제시했다."80)

그렇다면 성적 성향이 실질적으로 변할 가망은 정말로 전혀 없는 것일까? 엘리자베스 모벌리 박사Dr. Elizabeth Moberly는 가능성이 있다고 믿는다. 모벌리 박사는 연구 결과 "동성애 성향은 유전자로 인한 선천적 성질이나 호르몬의 불균형, 혹은 비정상적인 학습 과정에 따라 생기는 것이 아니라, 부모 자녀 사이의 관계 특히 생애 초기에 있었던 관계의 어려움 때문에 생기게 된다"는 생각을 가지게 되었다. "여기에 깔려 있는 원칙은, 동성애자들은 남자이건 여자이건 부모 중 동성the same sex과의 관계에서 결핍을 경험했다는 것이며, 그에 따라 이러한 결핍을 같은 성, 혹은 '동성애' 관계를 통해서 보상하려는 충동이 생긴다는 사실이다."[81]

이것은 결핍과 욕구가 한 쌍을 이룬다는 말이다. 동성의 사랑을 얻으려는 회복의 충동은 그 자체로는 병리적인 것이 아니며, "오히려 그 반대이다. 그것은 병리적인 문제를 해결하고 치유하려는 시도이다." "동성애 성향은 비정상적인 욕구를 가진 것이 아니라, 일반적인 성장 과정에서 비정상적으로 충족되지 못한 부분에 대해 정상적인 욕구를 가진 것이다." 동성애는 "본질적으로 불완전한 성장의 상태" 혹은 충족되지 못한 욕구인 것이다.[82] 따라서 제대로 된 해결책은 "성적인 행위 없이 동성을 만나는 데 있다." 성장 과정의 결핍을 성애화性愛化하는 것은 정서적인 욕구를 생리적인 욕망과 혼동하기 때문이다.[83]

그렇다면 어떻게 이러한 욕구를 충족할 수 있는가? 이 욕구가 정당하다면 이를 채우는 정당한 방법은 무엇이란 말인가? 이에 대한 모벌리 박사의 대답은 이렇다. "부모와의 관계가 하나님의 창조 계획 속에 들어 있는 것과 마찬가지로 부모의 돌봄을 대체하는 관계가 하나님의 구원 계획 속에 들어 있다."[84] 여기서 필요한 것은 깊이 있고, 지속되며, 사랑하는, 그러나 성관계는 배제된 동성간의 관계이며, 특히 교회 안에서 이러한 관계가 필요하다. 모벌리 박사는 "기도에서나 관계에서나 사랑이 가장 기본적인 치료다…… 사랑이 기본적인 문제이자, 중요한 욕구이며, 유일하게 진정한 해결책이다. 우리가 그리스도의 치유하고 구속하는 사랑을 구하고 중재하기를 기꺼이 원한다면, 동성애자들의 치유는 위대하고 영광스러운 실재가 될 것이다"[85]라고 결론짓는다.

그러나 그렇다 하더라도 육체와 정신과 영혼의 완전한 치유는 이 땅에서는 일어나지 않을 것이다. 우리 안에는 저마다 어느 정도의 결핍이나 왜곡은 남아 있다. 그러나 영원히 그런 것은 아니다! 그리스도인의 시야는 이 세상에만 국한되지 않기 때문이다. 예수 그리스도는 다시 오실 것이고, 우리의 육체는 구원을 얻을 것이며, 죄와 고통과 죽음은 사라질 것이고, 우리 자신과 이 우주 모두가 변모할 것이다. 그때 마침내 우리의 인격을 더럽히고 왜곡하는 모든 것으로부터 자유를 얻을 것이다.

이러한 기독교적 확신이, 현재 우리가 지닌 고통이 무엇이건 그것을 견디도록 도와준다. 평화의 와중에도 고통은 있다. "피조물이 다 이제까지 함께 탄식하며 함께 고통을 겪고 있는 것을 우리가 아느니라 그뿐 아니라 또한 우리 곧 성령의 처음 익은 열매를 받은 우리까지도 속으로 탄식하여 양자 될 것 곧 우리 몸의 속량을 기다리느니라"로마서 8:22-23. 따라서 우리의 신음은 새 시대의 탄생을 위한 진통을 나타낸다. 우리는 "현재의 고난은 장차 우리에게 나타날 영광과 비교할 수 없다"로마서 8:18는 사실을 확신한다. 이 확신에 찬 소망이 우리를 지켜 준다.

알렉스 데이빗슨은 동성애 성향을 가졌지만 기독교의 소망에서 위로를 얻는다. 그는 이렇게 쓰고 있다. "이러한 상태가 그토록 비참한 이유 중 하나는, 앞을 내다볼 때 믿기 어려운 똑같은 길이 끝도 없이 계속되는 듯이 보이기 때문이 아닐까? 여기에 아무런 의미가 없다고 생각할 때 반항하게 되고, 끝이 없다고 생각할 때 절망하게 된다. 그래서 나는 스스로 절망적이 되거나 반항적이 될 때, 혹은 둘 다를 느낄 때, 언젠가는 그 상황이 끝날 것이라고 하는 하나님의 약속을 스스로 상기하는 데서 위로를 얻는다."86)

사랑이라는 부르심

현재 우리는 '중간기'에 살고 있다. 믿음으로 붙잡은 은혜와 소망으로 기다리는 영광 사이에 살고 있는 것이다. 그 사이에 사랑이 있다.

그러나 교회가 동성애자들을 대할 때 일반적으로 실패한 것이 바로 사랑을 보여 주는 일이었다. 짐 코터Jim Cotter는 "멸시와 모욕의 대상, 두려움과 편견 그리고 억압의 대상"으로 취급당한 경험에 대해서 씁쓸한 심경을 털어놓았다.87) 피텐저는 자신이 그리스도인이라고 공공연하게 고백하는 사람들조차도 동성애자들을 "더러운 존재", "역겨운 성도착자", "망할 죄인들" 등의 표현을 쓰면서 욕하는 편지를 여러 번 받았다고 했다.[88] 사회 평론가인 피에르 버튼Pierre Berton은 "오늘날 동성애자는 과거의 문둥병자와도 같다는 매우 설득력 있는 주장이 나올 수 있다"고 말한다.[89] 릭터 노튼Rictor Norton은 좀더 날카롭게 이야기한다. "동성애자들에 대한 교회의 기록을 보면 처음부터 끝까지 잔인함 그 자체다. 이것은 용서를 구해야 할 문제가 아니라 교회가 보상해야 할 문제다."[90]

동성애자들에 대한 개인적인 반감은 오늘날 '호모포비아' homophobia라는 용어로 불린다.[91] 이것은 비합리적인 공포, 적개심 그리고 심지어 혐오감이 뒤섞인 감정이다. 이러한 태도는 대다수 동성애자들이 자신의 상태에 대한 책임이 없을지도 모른다는 (물론 자신의 행위에 대한 책임은 있지만) 사실을 간과한다. 이 사람들은 고의적인 성도착자들이 아니기 때문에 이해와 관심을 받아 마땅하며(비록 많은 동성애자들은 이런 태도를 생색내기로 받아들이기는 하지만), 이들을 거부하는 것은 타당하지 않다.

리처드 러블레이스Richard Lovelace가 '이중의 회개'를 요청하는 것은 당연하다. 즉, "게이 그리스도인들이 동성애 행위를 적극적으로 하는 생활양식을 버릴 것"과 "이성애자 그리스도인들이 호모포비아를 버릴 것" 둘 다 요청되는 것이다.[92] 데이빗 앳킨슨 박사가 "동성애자 그리스도인들에게 독신 생활과 인간관계의 망을 넓히기를 촉구하려면, 전자에 대한 지지와 후자에 대한 기회가 진정한 사랑 안에서 주어져야 할 것이다"[93]라고 덧붙인 것은 매우 옳다. 레즈비언과 게이 크리스천 운동 단체가 존재하는 사실 자체가 교회를 책망하는 표시라고 나는 생각한다.

동성애 성향의 핵심에는 깊은 외로움, 상호적 사랑에 대한 인간의 본능적 갈증, 정체성의 추구 그리고 완전함에 대한 갈망이 있다. 동성애자들이 이를 지역의 '교회 가족' 내에서 찾을 수 없다면 우리는 그러한 표현을 쓸 자격이 없다. 동성애 성관계의 따뜻한 육체적 관계냐 아니면 홀로 외롭게 격리되는 고통이냐 하는 양자의 선택만이 있는 것이 아니다. 제3의 길이 있다. 즉, 사랑, 이해, 용납, 그리고 지지라고 하는 기독교적 배경이 있는 것이다.

나는 동성애자들이 자신의 성적 성향을 공개할 필요는 없다고 생각한다. 그럴 필요도 없고 도움도 되지 않는다. 그러나 자기 마음의 짐을 털어놓을 사람, 자신을 경멸하거나 거절하지 않고 우정과 기도로 지지해 줄 절친한 사람이 적어도 한 사람은 필요하다. 전문적이고 사적인, 그리고 비밀이 보장되는 목회 상담을 받는 것이 좋을 수도 있고, 이에 더해 전문가가 자문을 해 주는 치료 그룹의 지지를 받을 수도 있을 것이다. 아울러 (다른 모든 독신들처럼) 동성과 이성 모두와 따뜻하고 애정 어린 우정의 관계를 많이 누리는 것도 좋을 것이다. 룻과 나오미, 다윗과 요나단, 바울과 디모데 등 성경에 나오는 인물들처럼 동성간의 우정을 키우도록 격려받을 필요가 있다. 성경에 나오는 이러한 관계가 성애적인 의미에서 동성애적이었다고 볼 만한 단서는 전혀 없으면서도, 이들은 분명히 서로에 대해 애정을 가지고 있었고, (적어도 다윗과 요나단의 경우에는) 그 표현이 노골적이기까지 했다.[94] 물론 현명한 안전장치도 중요하다. 그러나 아프리카나 아시아 문화권에서는 두 남자가 스스럼없이 서로 손을 잡고 거리를 다니는 모습을 흔히 볼 수 있다. 우리 서구 문화가 "동성애자"라고 비웃음을 당하거나 거부당할지도 모른다는 두려움을 조장함으로써 동성간의 풍성한 우정의 발전을 막는 것은 슬픈 일이다.

마이클 베이시의 책《이방인과 친구들》의 가장 큰 기여는 우정을 강조한 점이라고 생각한다. "우정은 기독교 신앙의 부차적 주제가 아니라, 기독교적인 삶의 비전에 꼭 필요한 것이다"[95]라고 그는 쓰고 있다. 그는 사회를 "애정의 끈으로 연결된 우정의 네트워크"로 본다. 그는 또한 성경이 "언약의 개념을 결혼 제도에만 국한하지 않는다"[96]라고 지적한다. 다윗과 요나단이 서로 언약을 맺었듯이 사무엘상 18:3, 우리도 특별한 언약의 우정 관계를 맺을 수 있다.

이러한 관계와 그 외의 다른 관계들은 동성간이든 이성간이든 하나님의 가족 내에서 발전해 나가야 한다. 하나님의 가족은 보편성을 띠고 지역적으로 나타나게 된다. 하나님은 각각의 지역 교회가 따뜻하고, 용납하며, 지지해 주는 공동체가 되기를 바라신다. 내가 말하는 '용납'이란 '묵인'을 의미하는 것이 아니다. 마찬가지로 '동성애 공포증'을 버린다는 것이 동성애 행위를 반대하는 올바른 기독교적 입장을 버린다는 의미는 아니다.

그렇다. 진정한 사랑과 도덕적 기준을 지키는 자세가 서로 양립 불가능하지는 않다. 사랑은 모든 사람의 유익을 위해서 오히려 도덕적 기준을 내세운다. 따라서 회개하기를 거부하고 의지적으로 동성애 관계를 고집하는 사람들에 대해서 교회가 징계할 여지가 있게 된다. 그러나 그렇게 할 때도 교회는 겸손과 온유함으로 해야 한다 갈라디아서 6:1이하. 우리는 남성과 여성을 차별하지 않도록 조심해야 하며, 동성애 범죄와 이성애 범죄도 차별하지 않도록 조심해야 한다. 그리고 공개적인 스캔들에 대해서 처벌이 필요한 경우 그것을 마녀 사냥과 혼동해서는 안 된다.

동성애자 그리스도인의 딜레마가 복잡하고 고통스러운 것은 사실이지만, 예수 그리스도는 그들에게 (실로 우리 모두에게) 믿음 소망 사랑을 주신다. 예수님의 기준과 이를 지탱하는 은혜를 받아들일 수 있는 믿음, 현재의 고통을 넘어 미래의 영광을 볼 수 있는 소망, 그리고 서로를 돌보고 지지할 수 있는 사랑을 주신다. "그 중의 제일은 사랑이라" 고린도전서 13:13.

주(註)

1. A. C. Kinsey, *Sexual Behavior in the Human Male*(1948), 그리고 *Sexual Behavior in the Human Female*(1953)을 보라.
2. Merville Vincent, "God, Sex and You", *Eternity*(August 1972).
3. J. N. Anderson, *Morality, Law and Grace*(Tyndale, 1972), p.73.
4. Malcolm Macourt, ed., *Towards a Theology of Gay Liberation*(SCM Press, 1977), p.3. 인용은 Macourt 자신이 쓴 서문에서 따온 것이다.
5. John S. Spong, *Living in Sin? A Bishop Rethinks Human Sexuality* (Harper and Row, 1988).
6. Derrick Sherwin Bailey, *Homosexuality and the Western Christian Tradition*(Longmans, Green, 1955), p.4.
7. 이사야 1:10이하; 예레미야 23:14; 에스겔 16:49이하 참고. 교만에 대한 언급은 구약 외경 집회서 16:8에, 그리고 손님에 대한 대접이 나쁜 것에 대한 언급은 구약 외경 지혜서 19:8에 나온다.
8. 마태복음 10:15; 11:24; 누가복음 10:12
9. 베일리는 *Books of Jubilees*와 *Testaments of the Twelve Patriarchs*를 참조하고 있다. 구약과 신약 시대 사이에 기록된 문서들에 대한 좀더 충분한 평가는 Peter Coleman, *Christian Attitudes to Homosexuality*(SPCK, 1980), pp.58-85에 나와 있다.
10. Bailey, *Homosexuality*, p.27.
11. James D. Martin in *Towards a Theology of Gay Liberation*, ed. Malcolm Macourt(SCM, 1977), p.53를 보라.
12. Bailey, *Homosexuality*, p.30.
13. Coleman, *Christian Attitudes*, p.49.

14. 예를 들어, 열왕기상 14:22이하; 15:12; 22:46; 열왕기하 23:7을 보라.
15. Bailey, *Homosexuality*, p.39.
16. Coleman, *Christian Attitudes*, pp.95-p96.
17. 같은 책, p.277.
18. 같은 책, p.101.
19. Rictor Norton in Macourt, *Towards a Theology*, p.58.
20. Letha Scanzoni and Virginia R. Mollenkott, *Is the Homosexual My Neighbor?*(Harper and Row, and SCM, 1978), p.111.
21. Bailey, *Homosexuality*, p.1.
22. Michael Vasey, *Strangers and Friends*(Hodder and Stoughton, 1996), pp.46, 82-83.
23. John Boswell, *Christianity, Social Tolerance and Homosexuality* (Chicago University Press, 1980) 그리고 John Boswell, *Same-Sex Unions in Pre-Modern Europe*(Villard Books, 1994)을 보라.
24. Richard John Neuhaus, "The Case against John Boswell", Julie Belding and Bruce Nicholls, eds., *A Reason for Hope, Christian Perspectives on Homosexuality and Healing*(Auckland, New Zealand: The human Relationship Foundation, 1996), p.14에서 발췌.
25. Everett Ferguson, ed., *The Encyclopedia of Early Christianity* (Garland, 1990).
26. Vasey, *Strangers and Friends*, p.116.
27. 같은 책, pp.176-177.
28. 같은 책, p.117.
29. 같은 책, p.33.
30. 같은 책, p.34.
31. Norman Pittenger, *Time for Consent*, 3d. ed. (SCM, 1976), pp.7, 73.
32. Thomas E. Schmidt, *Straight and Narrow? Compassion and Clarity in the Homosexuality Debate*(IVP, 1995), pp.134-135.
33. Pittenger, *Time for Consent*, p.7.
34. Coleman, *Christian Attitudes*, p.50.

35. Chapter 3.3-5, Coleman, *Christian Attitudes*, p.71에서 재인용.
36. Boswell, *Christianity, Social Tolerance and Homosexuality*, p.107 이하.
37. Richard B. Hays, "A response to John Boswell's Exegesis of Romans 1", *Journal of Religious Ethics* (spring 1986), p.192. 그의 책 *The Moral Vision of the New Testament*(《신약의 윤리적 비전》, IVP 역간), pp.383-389도 보라.
38. C. K. Barrett, *Commentary on the Epistle to the Romans*(A. and C. Black, 1962), p.39.
39. C. E. B. Cranfield, Commentary on Romans in the *International Critical Commentary*, vol.1(T. and T. Clark, 1975), p.126. 그는 고린도전서 11:14의 주석에서 *physis*에도 같은 의미를 부여하고 있는데, NIV가 "사물의 본성 그 자체"라고 번역한 것을 "하나님이 우리를 만드신 바로 그 방식"으로 해석하고 있다.
40. *Christianity Today*(11 November 1996).
41. The Friend's report *Towards a Quaker View of Sex* (1963), p.21.
42. 같은 책, p.36.
43. Methodist Church's Division of Social Responsibility, *A Christian Understanding of Human Sexuality* (1979), 9장.
44. 같은 책, 5장.
45. Pittenger, *Time for Consent*, pp.31-33.
46. Jeffrey Satinover, *Homosexuality and the Politics of Truth*(Baker, 1996), p.55. 그는 D. McWhirter and A. Mattison, *The Male Couple: How Relationships Develop*(Prentice-Hall, 1984)에서 인용하고 있다.
47. Schmidt, *Straight and Narrow?*, p.108.
48. Satinover, *Homosexuality*, p.51. 3장 전체를 보라.
49. Schmidt, *Straight and Narrow?*, p.122. 6장 전체를 보라.
50. *The Homosexual Movement: A Response by the Ramsey Colloquium, First Things*, (March 1994)에 처음 수록되었다.
51. Macourt, *Towards a Theology*, p.25.

52. Pittenger, *Time for Consent*, p.2.
53. 같은 책, p.94.
54. Patrick Dixon, *The Truth about AIDS*(Kingsway, 1987), p.78.
55. Satinover, *Homosexuality*, p.17에서 재인용. p.57도 보라.
56. 에이즈에 대한 통계 수치는 '유엔에이즈퇴치계획'(UNAIDS) 홈페이지 (www.unaids.org)에서 가져왔다. 이 홈페이지는 전 세계의 에이즈에 대한 최신 정보를 얻는 데 유용하다.
57. Dixon, *The Truth about AIDS*, p.113. p.88 그리고 "Condoms Are Unsafe", pp.110-122도 보라.
58. *The Many Faces of AIDS; A Gospel Response*(United States Catholic Conference, 1987), p.18.
59. Roy McCloughry and Carol Bebawi, *AIDS: A Christian Response* (Grove Ethical Studies, no. 64, 1987), p.4, 18. 신학적 논쟁을 다룬 "Is AIDS the Judgement of God?" pp.12-19를 보라.
60. *The Many Faces of AIDS*, p.6.
61. *Christianity Today* (7 August 1987)에서 재인용.
62. The Terrence Higgins Trust, BM/AIDS, London WC1N 3XX.
63. 예를 들어, 26개의 침대가 마련된 에이즈 호스피스 시설인 The London Lighthouse(178 Lancaster Road, London W11 1QU), 그리고 국제적으로 알려진 32개의 스위트를 갖춘 에이즈 병동이 있는 Mildmay Mission Hospital(Hackney Road, London E2 7NA)가 있다. 두 개의 호스피스 모두 재택 간병도 해 주고 있다. ACACIA(AIDS Care, Compassion in Action)는 맨체스터 지역에서 약 75명의 HIV/AIDS 환자들을 재택 간병해 주고 있다.
64. 이 강연들은 출판이 되지 않았다.
65. Gavin Reid는 *Beyond AIDS: The Real Crisis and he Only Hope* (Kingsway, 1987)에서 그와 같은 바른 주장을 하고 있다.
66. 예를 들어 Christian Action on AIDS가 1986년에 설립이 되었다(P.O. Box 76, Hereford, HR1 1JX). 또한 ACET(AIDS Care Education and Training)가 전국적으로 호스피스, 재택 간병 지원봉사직, 그리고 교회 내 지지 그룹들이 네트워크를 만들려는 목적을 가지고 설립되었다. ACET 주소는 P.O. Box

3693, London SW15 2BQ이다.
67. *AIDS*, the Church of England's Board for Social Responsibility가 작성한 보고서(GS 795, 1987), p.29.
68. Alex Davidson, *The Returns of Love*(IVP, 1970), pp.12, 16, 49.
69. Pittenger in *Towards a Theology*, p.87.
70. 〈성 앤드루의 날 선언문〉(1995년 11월 30일 출간)은 성육신하신 주님(그분을 통해서 우리는 하나님과 우리 자신을 알게 된다), 성령(시대를 해석하게 해 주시는 분), 성부 하나님(그리스도 안에서 깨어진 피조계를 회복하시는 분)에 대한 세 가지 신학적 '원칙'으로 시작한다. 이 선언문의 후반부는 우리의 인간 정체성, 경험적 관찰, 구원의 좋은 소식에 대한 재확인, 그리고 그리스도 안에서 궁극적으로 충족될 것에 대한 소망 등과 같은 질문과 관련한 세 가지 '적용'으로 구성되어 있다.

그로부터 2년 후에 *The Way Forward?*가 "Christian Voices on Homosexuality and the Church"라는 부제를 달고 출판이 되었다. Tim Bradshaw가 편집을 한 이 논집은 〈성 앤드루의 날 선언문〉에 대해서 서로 다른 매우 다양한 관점을 가지고 접근한 13가지 대답으로 구성되어 있는데, 끈기 있고 진지한 신학적 성찰에 대한 요청은 기꺼이 받아들일 만하다. 그러나 '대화'나 '비방'만이 유일하게 가능한 태도인양 말하는 것은 부적절하다. 우리들 중에는 30년 혹은 40년을 듣고 성찰한 사람들도 있다! 우리가 결론을 내릴 수 있을 때까지 얼마나 더 이 과정이 지속되어야 한단 말인가? 그렇지 않다고 하는 주장에도 불구하고, 성경과 교회의 오랜 전통에서 나타나는 분명한 증언을 뒤집을 만한 새로운 증거는 하나도 제시된 것이 없다.

이 선언문은 교회가 두 가지 소명(결혼과 독신)을 인정하며 "이 두 가지 외의 다른 대안에 대해서 교회가 합법성을 인정할 여지는 전혀 없다"고 덧붙인다. 나아가서 이 선언문의 저자들은, 위 논집의 저술에 참여한 저자들에 대해 "교회의 가르침과 관습에 큰 변화가 있어야 한다는 주장을 지지할 만한 입증의 책임을 완수했다"고 생각하지 않는다(p.3). 그러나 이 논집은 선언문보다 좀더 불확실한 어조를 띠고 있다. 진지한 신학적 성찰은 얼마든지 해도 좋다. 그러나 그렇게 했다면 교회는 자신의 입장을 결정을 해야 한다.

71. Pittenger, *Time for Consent*, p.7. 참고. *The Courage to Be Chaste*, "an uncompromising call to the biblical standard of chastity" (Paulist Press, 1986). 이 책의 저자인 Benedict J. Groeschel은 (프란체스코회의) 카푸친 수도회 수사로서, 실제적인 충고를 많이 하고 있다.
72. Satinover, *Homosexuality*, p.117.
73. 같은 책, pp.18-19, 71.
74. Vasey, *Strangers and Friends*, p.103.
75. Satinover, *Homosexuality*, pp.31-40을 보라.
76. D. J. West, *Homosexuality*(1955; 2d. ed., Pelican, 1960; 3d. ed., Duckworth, 1968), pp.266, 273.
77. Nelson González의 기사 "Exploding Ex-Gay Myths"(*Regeneration Quarterly* 1, no. 3, summer 1995)는 ex-gay 운동의 목적과 주장을 도전했다. 1991년 Charles Socarides는 National Association for Research and Therapy of Homosexuality(NARTH)를 창설했다. 이 협회는 '치유'의 가능성을 연구하는 단체다.
78. Martin Hallett, *I Am Learning to Love*(Marshall, Morgan, and Scott, 1987), p.155. Martin Hallett이 속한 단체는 True Freedom Trust라고 한다(P.O. Box 3, Upton, Wirral, Merseyside, L49 6NY). 이 단체는 동성애와 관련 문제들에 대해서 초교파적인 가르침과 상담 사역을 하고 있다.
79. P.O. Box 2121, San Rafael, CA 94912.
80. *Christianity Today* (18 August 1989).
81. Elizabeth R. Moberly, *Homosexuality: A New Christian Ethic*(James Clarke, 1983), p.2. Lance Pierson의 *No-Gay Area: Pastoral Care of Homosexual Christians*(Grove Pastoral Studies no. 3, 1989)도 보라. 그는 모벌리 박사의 가르침을 잘 적용하고 있다.
82. 같은 책, p.28.
83. 같은 책, pp.18-20.
84. 같은 책, pp.35-36.
85. 같은 책, p.52.
86. Davidson, *The Returns of Love*, p.51.

87. Macourt, *Towards a Theology*, p.63.
88. Pittenger, *Time for Consent*, p.2.
89. Letha Scanzoni and Virginia Mollenkott, *The Comfortable Pew*(1965)에서 재인용.
90. Macourt, *Towards a Theology*, p.45.
91. 이 말은 George Weinberg가 *Society and the Healthy Homosexual*(Doubleday, 1973)에서 처음 사용한 것 같다.
92. Richard R. Lovelace, *Homosexuality and the Church*(Revell, 1987), p.129, p.125 참고.
93. David J. Atkinson, *Homosexual in the Christian Fellowship*(Latimer House, 1989), p.118. 이 주제를 좀더 깊이 있게 다루고 있는, 같은 저자의 *Pastoral Ethics in Practice*(Monarch, 1989)도 보라. Dr. Roger Moss는 *Christians and Homosexuality*(Paternoster, 1977)에서 목회 관련 질문을 중점적으로 다루고 있다.
94. 예를 들어, 사무엘상 18:1-4; 20:41; 사무엘하 1:26.
95. Vasey, *Strangers and Friends*, p.122.
96. 같은 책, p.233.

옮긴이 **양혜원**

1970년생으로 서울대 불문과를 졸업하였으며 이화여자대학교 대학원에서 여성학을 공부했다. 한국 라브리(L'Abri)선교회 협동간사로 6년간 섬겼으며, 1994년부터 통역과 번역 일을 해 오고 있다. 지금까지 《이디스 쉐퍼의 라브리 이야기》, 《대천덕 자서전-개척자의 길》, 《예수원 이야기-광야에 마련된 식탁》, 《거북한 십대, 거룩한 십대》, 《우찌무라 간조 회심기》, 《너를 사랑하기 때문에》, 《아주 특별한 노사》, 《쉐퍼의 편지》(이상 홍성사) 등을 번역하였다.

존 스토트의 동성애 논쟁
Same-Sex Partnerships?

지은이 존 스토트
옮긴이 양혜원
펴낸곳 주식회사 홍성사
펴낸이 정애주
국효숙 김의연 김준표 박혜란 송민규
오민택 임영주 주예경 차길환 허은

2006. 3. 24. 초판 발행   2021. 7. 20. 8쇄 발행

등록번호 제1-499호 1977. 8. 1.
주소 (04084) 서울시 마포구 양화진4길 3 **전화** 02) 333-5161 **팩스** 02) 333-5165
홈페이지 hongsungsa.com **이메일** hsbooks@hongsungsa.com
페이스북 facebook.com/hongsungsa **양화진책방** 02) 333-5163

Same-Sex Partnerships?
Korean Copyright ⓒ 1998 by John Stott
Originally published by Zondervan
All rights reserved.
Used and translated by the permission of Zondervan
through the arrangement of KCBS Literary Agency, Seoul, Korea.
Korean Translation Copyright ⓒ 2006 by Hong Sung Sa Ltd., Seoul, Korea.

ⓒ 홍성사, 2006

본 저작물의 한국어판 저작권은 KCBS Literary Agency를 통하여 Zondervan사와
독점 계약한 (주)홍성사에 있습니다. 신저작권법에 의하여 한국 내에서 보호받는 저작물
이므로 무단 전재와 무단 복제를 금합니다.

• 잘못된 책은 바꿔 드립니다.   • 책값은 뒤표지에 있습니다.

ISBN 978-89-365-0715-2 (03230)